培养孩子自主学习力的88个细节

改变教育方式，让孩子从此爱上学习！

晓丹 著

天津出版传媒集团
天津人民出版社

图书在版编目（CIP）数据

培养孩子自主学习力的88个细节 / 晓丹著. -- 天津：天津人民出版社, 2018.8（2024.10 重印）
ISBN 978-7-201-13942-5

Ⅰ. ①培… Ⅱ. ①晓… Ⅲ. ①家庭教育 Ⅳ. ①G78

中国版本图书馆CIP数据核字(2018)第184311号

培养孩子自主学习力的88个细节

PEIYANG HAIZI ZIZHU XUEXILI DE 88 GE XIJIE

出　　版　天津人民出版社
出 版 人　刘锦泉
地　　址　天津市和平区西康路35号康岳大厦
邮政编码　300051
邮购电话　（022）23332469
电子信箱　reader@tjrmcbs.com

责任编辑　佟　鑫
特约编辑　袁　熙

印　　刷　天津市新科印刷有限公司
经　　销　新华书店
开　　本　710毫米 × 1000毫米　1/16
印　　张　16
字　　数　180千字
版次印次　2018年8月第1版　2024年10月第3次印刷
定　　价　49.80 元

前言

“君子深造之以道，欲其自得之也。”要在学习中有所收获，就要掌握有效的方法，将所学习的知识转化为应用能力，做到触类旁通。当孩子将所学习的知识用于感兴趣的领域中，就会从中感受到快乐，学习的兴趣自然被激发出来。

很多家长会问：“为什么我的孩子学习的时候是那么痛苦呢？”“为什么我的孩子上课总是走神呢？”“为什么我天天督促孩子学习，孩子却很厌烦呢？”

很简单，因为他们不是在为自己学习，而是为了完成别人下达的学习任务而学习。被动地学习，当然不会有好心情；心情不好，学习中就会产生消极情绪，怎么能学到知识拥有好成绩呢?

孩子不用督促就自主学习，有两个重要因素：其一，是兴趣；其二，是责任。

爱因斯坦说：“兴趣是最好的老师。”陶行知先生说：“唤起兴趣，学生有了兴趣，就肯用全副精神去做事情，所以‘学’和‘乐’是不可分离的。”孩子对学习有了兴趣，当然就不用家长操心孩子学习的事情了。所以，家长需要做的是，如何将孩子的学习兴趣激发出来，让孩子高高兴兴地投入到学习生活中。

在学习的过程中，具有责任心的孩子，能够做到持之以恒。当孩子对学习产生责任感了，积极向上的意识增强，孩子便有了实现成功的欲望，必然要努力获得成功。所以，孩子要身心健康地成长，责任感是不可或缺的。培养孩子的责任感是家长的主要任务。

责任感是促使孩子向上奋进的内在动力，是孩子取得成功的催化剂，培养孩子的责任感能使孩子身心健康成长。

目前在教育领域中，培养孩子的自主学习力已经成为重点研究课题，而且渗入心理学研究领域中。很多家长对于孩子学习能力的培养往往局限于教育层面，很少考虑到孩子的学习心理，没有对孩子自主学习的本质准确把握，“煞费苦心”却没有成效。

学习是一种本能，孩子之所以在成长的过程中不愿意学习了，是因为没有在学习中感受到快乐。让孩子享受快乐的同时获得知识，孩子的厌学情绪就会通通一扫光了。从孩子的兴趣出发引导孩子爱上学习，形成良好的学习习惯，为孩子的终身学习能力创造条件。

列夫·托尔斯泰说：“责任心是孩子健全人格的基础，是能力发展的催化剂。”孩子要对学习充满热情，就要有责任心，自觉完成学习任务。家长要用爱心和智慧对孩子的责任心进行培养，让孩子懂得承担责任，这对孩子的成长、成才非常有利。

《培养孩子自主学习力的88个细节》中参考了自主学习力的研究成果，突出了孩子自主学习力培养的实践操作性。相信家长的教育方式用对了，孩子就能够学会学习，自主支配学习时间，有计划地学习，自主学习力便能有所增强。

目 录

自主学习力造就优秀的孩子

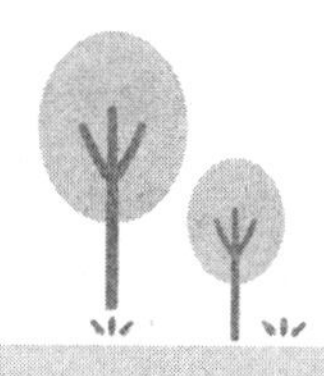

好的学习动机是自主学习的基础

韩晓亮的妈妈是一名初中教师。这一天，她刚刚下课，就接到孩子初中班主任的电话，心里陡然一震，想着："难道孩子又逃课了？"果然，电话那边的班主任说："韩晓亮上一节的语文课还在教室里，下一节的数学课就不见了，我在学校附近的网吧找到了他。"韩晓亮的妈妈放下电话，请了假，急匆匆地来到孩子的学校，希望与班主任面对面交流，共同商讨教育孩子的问题。班主任很无奈地说："每次我们把他'请'回来，他都是痛哭流涕地，发誓要痛改全非，下不为例。可是，你也看到了……"

韩晓亮的妈妈作为初三年级的把关教师，每年带出的毕业班都有很高的升学率。可是，对于自己上初一的儿子却感到力不从心，一点办法也没有。韩晓亮在小学的时候学习非常好，也很乖，每天放学回家不用督促就自己写作业，作业写完了才出去玩。看到韩晓亮现在的学习态度和考试成绩，几乎没有谁会相信，他在小学的时候还是个"明星"呢，小学四年级、五年级、六年级连续三年被评为"三好学生"，在全市的数学竞赛上还获得了二等奖，由于成绩优异而被保送上初中。韩晓亮的妈妈对孩子的班主任说："很难想象，这个孩子小学期间各方面都比较优秀，怎么进入到初中就变了呢？我和他爸爸都很担忧，经常教育他要自己努力，才能跟上其他的同学。可是，这个孩子说，努力也争不到第一，浪费时间，还不如打游戏、玩篮球呢，看报纸不是一样学习，干吗非要在教室里学习。"

班主任把韩晓亮最近的数学考试卷给他妈妈看，只见考试卷上字迹潦草，数学演算的草稿都写在试卷上面，好多的主观题都没有答。

下课了，班主任将韩晓亮叫到教研室。面对妈妈，韩晓亮说："上初中的第一次考试我就排到了26名，感觉对学习已经失去信心了，上课时注意力无法集中，作业也不愿意写。"

韩晓亮上初中后以这种消极的态度对待学习，很大程度上是由于学习失败造成的。小学的成绩非常优秀，进入到初中学习成绩落后，就让自己从心理上对学习产生了抵触的情绪。存在这种现象的主要原因是其自身的因素造成的，但是，家庭教育和学校教育也是一个重要的原因。无论是教师，还是家长，激励孩子学习的主要方法就是通过考试排名、竞赛的成绩等等，却忽视了对孩子内在学习动机的培养，没有将孩子的自主学习意识积极调动起来。

从韩晓亮小学的学习情况来看，他是爱学习的。学生对上课内容不感兴趣，就说明教师在教学上没有考虑到学生的需求，没有从学生的角度出发设计教学模式，这让韩晓亮对学习失去了自信。

许多家长都是以孩子为荣，认为孩子的学习成绩好，自己脸上就有光。可是，孩子的心里是怎么想的？他们想要的是什么？家长很少考虑到这些。家长工作压力是很大的，像韩晓亮的妈妈作为初中三年级的把关老师，每天都会焦虑担心，将更多的精力投入自己的工作中，忽视了孩子的需求，只会教导孩子要努力学习、提高成绩，认为孩子做自己喜欢的事情是不重要的。当孩子在学习上感受到挫败感，内心的基本需求没有得到满足，就很难再提起对学习的热情，更不会让自身的才能和潜力发挥出来。

指导方法：

"动机"在心理学上的界定是人的内在动因激励着人做出相应的行动，以此达到目标。因此，学习动机是一种内部力量，是对学生的学习行为产生推动作用。学生对学习感兴趣，主动地去学习，就会有明确的学习目的，这就是学习内部动机。此外，在学习中能够获得奖赏或者荣誉，增进孩子的自信心，这就是外部动机。内部动机和外部动机合理利用，所有的学生都会有较强的求知欲望，激发他们追求新知识。采用正确的引导方式将学生的求知欲望直接指向完成学习任务，就可以将学生的学习动机激发出来。

孩子不喜欢学习，要知道他不喜欢的原因，要聆听孩子的心声，对孩子表示理解，对他们的思维表示尊重。在学习中要帮助孩子形成正确的学习动机，可以将他们的兴趣爱好充分利用起来并融入学习生活中，这样就可以消除他们的消极态度，让他们在自主学习中更加有自信。

教师和家长都要为孩子创造良好的学习环境，注重对孩子的意志力培养，引导他们在学习上要有积极意识。让他们对学习有明确的目标，可以根据目标调整学习方式。长此以往，孩子们意识到只要努力就可以在学习上获得进步，就会愿意为此付诸行动。

以学习动机克服自卑心理，只要付出就会有收获，孩子的成绩会越来越好的。

会创新的孩子，才能长远发展

关于锯的发明，有这样一个传说。

鲁班是春秋时期的鲁国人，出身于世代工匠的家庭，从小就掌握了生产劳动的实践经验，能操作多种技能。有一年，鲁班接到了一项建筑工程，需要使用大量的木料。于是他和徒弟们上山找木材，当时还没有锯，他们只能用斧头一下一下地把树砍断，拿回去做木料。一次上山，他的手指一不小心被一种野草划破了。鲁班心里想："小草还能将手划破，怎么这么锋利？"鲁班的好奇心被激发起来，就摘下一片叶子仔细观察，发现叶片的两边不是平直的，而是长着细小的齿，鲁班用手轻轻地摸，感觉小细齿比较锋利。鲁班确认，就是这些叶片上的小细齿将自己的手划破的。鲁班和徒弟们在山上干活累了，就坐下来休息，偶然间发现一只大蝗虫在啃吃草叶，牙齿非常锋利，很快地就吃了很多的草叶。鲁班的好奇心被激发起来，心想："小小的昆虫怎么吃东西这么快？"他抓来一只蝗虫，观察蝗虫的牙齿，发现蝗虫的两颗前牙比较大，牙齿就像草叶的边缘一样，也是小细齿。鲁班想："小细齿是很好的工具，如果在砍树中使用，是不是就可以加快速度了？"于是，鲁班开始尝试各种实验，以大毛竹为材料做带有小锯齿的竹片，以小树为对象进行试验，没几下树干上就划出了一道深沟，效果非常明显。鲁班高兴极了，但是他发现竹片用于砍木材，很软，韧性足够却缺乏强度，拉几下小锯齿就钝了或断了，马上需要换新的竹片。鲁班想到铁是比较耐用的，于是请铁匠按照自己的想法制作两端带有锯齿的铁片。鲁班和徒弟在砍树中就试着使用这种铁片，俩人一人拿着一端，使劲来回拉，不一会儿，树就被锯断了，这比斧头省时省力多了。鲁班很高兴，他发明出新的工具，取名为锯。从此以后，锯给后人的工作带来了非常大的便利。

在山上被草叶划破手的人不会只有鲁班一个人，在鲁班之前一定有很多人经历过类似情况，鲁班却获得了启发。其实，很多发明都源自于我们的日常生活中，比如，牛顿在树下被苹果砸到了，发现了万有引力；瓦特发现水壶盖被热的蒸汽掀起来，发明了蒸汽机。这些都是生活中司空见惯的事情，对于科学家而言，却是发现物理现象的源头。他们共同的特点就是好奇心很强，善于仔细观察和思考，即便是微小的事情，也会钻研。积极思考、主动求知，用正确的想法打开思路，结果就会获得创造性发明。从这个故事中我们也可以悟出一个道理，即便是生活中微不足道的事情，只要善于动脑，就会产生智慧。无论是教师，还是家长，在培养孩子的过程中，要提高孩子的创新能力，就要让他们知道小事情中充满大学问，只要善于探索，就会有新发现，将总结出来的规律用于学习中，不仅促进了学习，还扩展了知识视野。在对孩子的创新能力培养中，要不断地鼓励孩子观察生活中的点点滴滴，让他们展开思维，将孩子的自主参与意识调动起来，鼓励他们自主思考，对所获得的知识就会自主内化，学习创新能力便得到了培养。

指导方法：

爱因斯坦说："天才是百分之一的灵感加百分之九十九的汗水。"天才善于创新，在一件事情上勇于突破常人的思维，在学习中便会找到很多的知识点，这是掌握知识的关键。具有学习创新力的孩子，就会根据自己的需要自主学习知识，用属于自己的思维思考问题，将新知识融进自己知识框架体系中。两个人学习同样的一个知识点，由于对知识的理解能力不同，学习的效果就会存在差异。孩子要将所学习的知识转变成自己的，就要大量地积累资源和素材。教师或者家长要为孩子提供这方面的条件，让孩子找到自己感兴趣的事物进行研究，重要的是研究作品中的创造思路，从中寻求知识规律，这是创新的基本条件。在培养孩子创新能力的过程中，要根据孩子的智力水平进行培养。教师要认识到，即便是所有的学生都使用相同的教材，也要根据学生的知识需求有侧重点地教学，让学生对知识的理解更为透彻。

孩子要具备创新能力，就要对学习保持健康的心理，以良好的心态对待客观事物，对自己的能力充满信心。在追求自己目标的时候，思维要灵活，不被固有的思维框架限制，具有非常强的创新意识，在分析问题和解决问题中思新求变。创新是持久的过程，要有恒心，有毅力，专注于思考，以坚强的意志去实现目标。

教师和家长要强调孩子自主学习的重要性，让孩子认识到新事物中蕴含着真理后，就要用自己掌握的知识探寻真理，为了不受自我知识框架的局限，还要通过自主学习扩展知识面。随着创新意识成为孩子思维体系中的一部分，孩子的创新能力就能得到很好的锻炼。

授人以鱼不如授人以渔

在一次户外活动中，孩子们放风筝，不小心将风筝落到树杈上了，就都跑来问我该怎么办。当时我想，这些孩子对他人的帮助已经产生依赖心理了，遇到问题的时候不假思索就找人帮忙，这是思维惰性的表现。于是，我没有去帮助孩子们解决问题，而是让他们自己想办法解决，还露出为难的表情说："风筝落到树杈上了，那么高，我怎么够得着呢？你们想想办法吧。"孩子们看到我也无能为力了，就开始各自出主意了。

一个小朋友说："要是有人会爬树就好了。"

还有小朋友说："晃一晃树干，看看风筝能掉下来不。"这名小朋友说着，就开始摇晃树干，可是，树长得比较粗壮，一动也不动。

又有一个小朋友看着纹丝不动的树，就说："哎，看来只能砍树了。"

有几个小朋友说："砍树怎么行，要爱护绿色植物，晃树也是不可以的。"

"看来孩子们的环保意识还很强。"我心里想着，感到很欣慰。

"我们找个长杆子吧，可以将风筝够下来。"一名小朋友终于说出了比较可行的方法，我表示了赞赏。

接下来，小朋友们又开始犯愁了，"主意挺好，可是，哪里有这么长的杆子呢？"

他们你看我，我看你。

一名小朋友脸上带着兴奋的样子大声说："我家有晾衣竿，等着我取来。"

晾衣竿取回来了，很快风筝就在大家的齐心协力下够下来了。

我鼓励孩子们说："你们很聪明，遇到困难自己就可以想办法解决了。以后再遇到困难的时候，就可以自己开动脑筋想办法了。"

对于很多人而言，解决问题似乎是成年人应该承担的责任，事实上，这正是孩子们需要学习的。孩子未来的路还很长，会遇到各种困难和挫折，需要对社会具有良好的适应能力，如果遇到问题不会自己解决，就等于是有脚不愿意自己走路，不会动脑思考问题一样。

现在很多的孩子产生思维惰性，习惯依赖他人解决问题。当孩子遇到问题的时候，很多父母就会主动站出来帮助孩子解决问题，让孩子没有解决困难的意识。人生就是一种经历，遇到各种各样的问题是必然的。孩子具备面对问题和解决问题的能力也是成长的标志，家长有责任让孩子面对问题，养成自己想办法解决问题的习惯，让孩子勇敢地对待困难，乐观地对待各种挑战，并相信自己一定能通过动脑筋解决问题。

指导方法：

父母培养孩子勇于解决问题的能力，不妨让自己变"懒"一些。孩子遇到疑难问题的时候尝试着自己解决也是一种锻炼，父母就要鼓励孩子应对，这样可以培养孩子的独立性。父母做个"懒人"，让孩子独立去做，让他们产生主体意识，就会在内心深处产生对生活的自信心。比如，看到孩子穿衣服时，不知道先穿哪件、后穿哪件，或者扣子扣得不对，就告诉孩子：衣服穿得不对，要重新穿，扣子要好好扣。孩子的记忆力非常好，反复几次就记住了，而且还积累了生活经验。虽然孩子在操作中会比较麻烦，父母可以给予必要的指导，引导孩子总结规律，让孩子逐渐掌握学习方法。

父母对孩子解决问题的能力要予以鼓励。孩子的眼界与成人是不同的，他们在解决问题的时候所使用的方法与成人不同，但是作为父母不能予以否定或者直接纠正，而是要表示欣赏。孩子得到认可之后，就会更加努力，即便遇到更难的问题，也会积极主动地解决。孩子是未来社会的主人，父母不会永远成为孩子的依赖。让孩子具备独立解决问题的能力，就是让孩子身心健康地成长。

好引导胜过好说教

有一则泰国电信AIS的广告是真人故事。广告的内容如下：

在菜市场上，一个卖豆芽的菜摊前来来往往聚集着许多客人，而其他菜摊的生意却冷清许多。一名小女孩看到后，好奇地转头问妈妈："为什么豆芽菜非常受欢迎？"

妈妈说："因为只有一个摊铺卖豆芽菜。"

小女孩问妈妈："我们是不是也可以培育豆芽菜，然后去卖呢？"妈妈含笑点头。

从此，小女孩就开启了她的梦想。为了让女儿培育出豆芽菜，妈妈买了大豆种子、培养土，让女儿在篮子里培育豆芽菜。

过了几天，土壤中冒出了芽芽，小女孩非常高兴。但是，芽芽很脆弱，在阳光的照射下，都蔫了。这一次的培育豆芽菜失败了，小女孩很惋惜。

妈妈看着小女孩，目光坚定，用温柔的口吻说："没有关系，我们可以再尝试一次。"

这一次，妈妈找来一本培育豆芽菜的书，上面写着：豆芽菜喜欢在避光的环境中生长，如果环境太热了，他们就会被烤干的。这一次接受了上一次的教训，妈妈和小女孩找了一个阴凉处培育豆芽菜。可是，又失败了。

"这一次是为什么呢？"妈妈和小女孩都很纳闷。妈妈又把书拿来看，原来是豆芽菜种到土壤中后，还需要早晨和晚上按时浇水。妈妈虽然仅仅接受了小学四年的教育，阅读和写作的能力都有限，但是妈妈有一个特长，就是遇到问题善于想办法解决。

下雨了，妈妈内心感到有些失落，两次种植豆芽菜都失败了，但是在女儿的面前却是非常乐观的，充满自信心。妈妈凝视着外面的雨，突然产生了灵感。就找来了一些饮料瓶，在瓶子上面扎了一些小眼，绑在木棍上，这些塑料瓶就变成了给豆芽菜浇水的"喷淋设备"。

女儿问妈妈，这个方法管用吗？妈妈说："我们试试看。"

女儿的好奇心就这样一点一点被培养起来，就好像豆芽菜被浇灌了水和肥料一样逐渐生根，为生长成茂盛的知识之树奠定良好的基础。

这个故事中的女儿叫Netnapa Saelee，目前已经学业有成，并获得了Sarnrak项目的奖学金，在瑞典从事研究工作。

这个故事告诉我们，让孩子动手操作就会引导孩子思考，随着孩子动手能力的增强，思维就更为灵活，对增强自主学习力非常有帮助。这位妈妈虽然接受的教育不多，但总是在找办法解决问题，让孩子知道遇到问题只要动脑并行动起来就会找到解决的办法。对于孩子而言，在家庭里所接受的是最为直接的教育。为孩子塑造良好的家庭教育环境，就好像为植物提供优质的土壤一样，可以将孩子学习的动力激发起来。

苏联教育家苏霍姆林斯基认为，儿童的智慧在他们的手指尖上。这不仅是理论上的说教，从科学的角度而言，手指尖是末梢神经，接受外界刺激后，就会将信息传递给大脑，大脑就好像是信息加工厂一样，将所有加工好的信息传递给手指运动中枢，指挥手指运动。所以，多运动手指是有助于大脑发育。让孩子多动手操作，可以让孩子更加聪明，提高智力水平。

指导方法：

中国家庭普遍对孩子的教育非常重视，却忽视了对孩子动手能力的培养，将更

多的精力用于孩子的才艺培养上，把孩子的学习成绩作为衡量培养质量的标准，这样孩子便会缺少独立性，思维能力欠缺。建议家长在教育孩子的时候，要多鼓励孩子自己动手，比如，做家务的时候可以让孩子做一些力所能及的事情；休息的时候可以和孩子共同制做一些小点心送给长辈；节日期间，鼓励孩子动手美化环境，贴窗花、挂小装饰品、将自己喜欢的绘画作品贴在墙上等等，这样引导孩子一段时间，孩子就会养成动手的习惯，遇到自己喜欢的事情自己动手做。

引导孩子参加体育游戏也是不错的方法，将动手操作培养融入到游戏活动中，例如跳绳、骑小车、拍球等等。孩子对游戏感兴趣，就乐于参与其中，孩子快乐地运动着，促进了四肢的协调发展，也提高了手脑协调能力。

父母培养孩子们的独立动手能力，时刻提醒自己要让孩子自己动手，并相信他一定能做到！

第2章 良好的家庭环境是孩子成才的摇篮

家庭环境的潜移默化

细节一：宽松的家庭环境

金今的妈妈是美术创作者。金今小时候就很调皮，经常将妈妈的绘画工具抢过来，不让妈妈画画，可是，妈妈并不训斥她，而是自己准备两套绘画工具，如果金今抢走工具，妈妈就用备用的工具作画，母女二人各画各的。金今的绘画技能就是在这样的环境中自学的。当金今的作品创作完成后，还会请妈妈评价。妈妈通常都是将画得好的那部分指出来，并不会评价她的画作的不足之处。逐渐地，金今在画画的时候，好的部分就会越来越多了，不好之处便会逐渐减少。

金今在课堂上听课的时候有一个习惯，就是会将自己的想法记录下来。她进入徐悲鸿中学的美术班，依然保留着这样的习惯。比如，上语文课的时候，老师在讲解课文时，某个词汇或者语句让金今感兴趣，她就会在纸上及时“批注”。虽然老师不支持这种做法，但金今并不打算放弃这个习惯。于是，金今的老师找到了她的妈妈，说明了此事。金今的妈妈看着女儿的“杰作”，对老师说：“如果她没有打扰其他的学生学习，就由她去吧。”老师也就默许了。金今做着自己喜欢做的事情。后来，考进了北师大附中文科试验班。

家长对孩子的调皮好动，一味地指责、训斥，很有可能将孩子的天赋扼杀了。金今就比较调皮，这种调皮是由对知识的好奇心引起的。当看到妈妈作画的时候，也要学习妈妈的样子绘画，还让妈妈品评。当进入到初中后，就开始用笔录的方式表达自己的思想。虽然一些思想是主观性的，也能说明她是勤于思考的孩子，这种做法是孩子智慧的表现。金今的妈妈并没有阻止，而是对孩子的这种行为持有尊重的态度，让孩子做他自己喜欢做的事，对孩子的成长可以起到一定的促进作用。

一些家长对调皮的孩子会有心理负担，认为宽松的家庭环境如果没有把握好“度”，会导致对孩子的溺爱。为了让孩子不恣意妄行，不妨为孩子制定“家庭行为准则”，约束孩子的错误行为。对孩子的不当之处要注意引导教育，不可以过分强调孩子的错误，家长也要认识到自己的不足之处，与孩子共同改正。这样就可以在鼓励孩子做自己喜欢做的事情的同时，还让他们具备自我管理的能力。

指导方法：

金今的妈妈是个主张“宽松”教育的母亲，她对金今喜欢做的事情都是比较放任的，并不会按照自己的意愿为孩子设置目标。孩子在宽松的家庭环境中成长，逐渐养成自主学习的习惯。

家长要宽容地对待孩子的兴趣，对孩子的选择予以尊重，善于看到孩子身上的亮点，让孩子成为学习的主人。孩子是在不断地探索中学习和成长的，家长就要给孩子学习的自由，孩子在从事探索活动的时候，家长也要积极鼓励，对于知识、技术能力不需要过分强调，可以根据孩子的意愿提供条件。

父母在孩子面前要成为孩子的大朋友，参与到孩子的探索领域中共同成长。家长也要成为孩子学习的榜样，对孩子起正面引导作用，对孩子表现出色之处要及时表扬。孩子在平等的环境中体验到满足感，就会积极参与到自己喜欢的活动中。

随着孩子的成长，宽松的家庭环境也要有所调整，让孩子放松心理的同时，也要避免孩子心理长不大。所以，宽松的家庭环境要“严慈并济”，与教师及时沟通，对孩子的个性特点充分了解，对孩子不同的行为予以关注，对孩子应该做的事情及时鼓励，不该做的事情要与教师合作对孩子进行正确引导。

细节二：浓厚的学习氛围

在《爸爸去哪儿》的第五季，陈小春的儿子Jasper软萌可爱的样子是非常讨人喜欢的，圈粉无数。陈小春对儿子的家教是很严苛的，却不失对孩子的疼爱，Jasper非常懂事。很多人都已经注意到了，Jasper虽然只有4岁，英文却说得非常流利，而且在与人交流中习惯于讲英文。这是由于Jasper生活在香港，这里的语言以英文和粤语为主。Jasper在国际学校学习，从小学习的就是英文课程。节目中，Jasper也是会说中文的，在上车的时候与陈小春讲英文，当爸爸陈小春要求讲中文后，就立马改口说中文了，而且中文表达也很准确。可以说，Jasper优秀的语言能力，主要是源于语言环境。

很多人都喜欢看《爸爸去哪儿》，不仅是喜欢看萌娃的可爱样子，作为休闲娱乐的节目观看，更多的是要学习星爸们是如何教育孩子的，孩子是怎样成长的。《爸爸去哪儿》的第五季中，Jasper一口流利的英语非常令人羡慕。孩子从小就在英语环境中长大，英语口语必然非常厉害。在中国大陆没有英语语言环境，很多的家长为了让孩子学好英语，就会将教育责任抛给培训机构，让孩子上英语补习班、英语网络课，接受英语早教，却忽视了家庭教育的重要性。以黄磊为例，他的女儿多多的英文就非常好。黄磊的工作是非常忙的，但会抽出时间陪孩子看

英语读物，一起翻译英文图书作品，与孩子共同写英文剧本。父母才是孩子最好的老师，父母能够陪伴孩子学习是非常重要的，当然，父母的学习水平不需要比孩子高，而是要享受与孩子共同学习的过程。在陪伴孩子一起学习的过程中，就是在引导孩子把所学的内容运用到日常生活中。

指导方法：

让孩子自主学习，并不是让孩子自己学习，而是要让孩子对学习感兴趣，能够自觉主动地参与到学习活动中，父母的正确引导是非常重要的。孩子学习需要有良好的学习环境，这是需要父母帮助塑造的。以孩子的英语学习为例，父母可以与孩子共同学习英语，同时发挥导演的作用，让孩子成为演员，将英语与生活、学习、活动有机结合起来，使孩子感受到英语源于生活，并将所学的英语在生活中运用。现在的很多家长将孩子送到英语辅导班之后，将指导孩子学习英语的任务交给了老师。孩子下课后，回到家里，由于没有了英语环境，将英语置于脑后，上课的时候学习英语，生活中没有机会接触英语，英语与生活之间完全隔离开来。英语知识学得快，也会很快忘记。没有对英语单词准确理解，英语口语表达断断续续，不够流利，而且错误百出，英语交际能力就更无从谈起。父母与孩子共同学习英语，相互之间的交流用英语进行，并对孩子适当地表扬和鼓励，让孩子有成就感，就更乐于开口说英语，并能自信地驾驭所学的语言知识。当英语知识自然地运用到生活中的时候，孩子便会觉得英语并不难，自己也能学会它，进而会更进一步地主动学习英语。

家长在与孩子共同学习中，要善于为孩子塑造学习环境，将孩子所学习的知识融入生活中，通过模拟情景激发孩子的学习兴趣。知识都是从生活实践中总结出来的符号。将这些符号回归到生活中，通过情境塑造再现，让孩子在情境中感受生活的同时吸收知识，有助于孩子积累生活经验，提升知识的认知水平和应用水平。

父母与孩子共同学习，作用并不在于传授知识，而是要通过共同学习的方法对孩子产生激励效应，激发孩子学习兴趣。

做个好榜样的父母

细节一：父母要有进取心

在德国的一个火车站，一个扳道工正在自己的岗位上准备扳动道岔，让徐徐而来的火车顺利前行。对面也有一列火车正在进站。如果扳道岔不及时，两列火车就会相撞。此时，他无意识地回头看到了自己的儿子正在进站火车行驶的铁轨一端玩耍。在这千钧一发之际，扳道工知道扳道岔是自己的职责，可以避免火车相撞的灾难。可是，自己的儿子也需要抢救，火车疾行着，已经没有犹豫的时间了。

此时，扳道工威严地对着儿子大声喊道："卧倒！"，同时扳动道岔，两列火车都顺利通过，一个小生命正在铁轨边上卧倒，丝毫无损。

一名记者刚好看到这一幕并及时拍下了来。在德国的一家电视台开展"十秒钟惊险镜头"活动中，这个名为《卧倒》的镜头脱颖而出，被评为冠军。

当这个作品在电视上播出的时候，观众们起初都是带着好奇心等待，十秒钟之后，多数人的眼中都噙满了泪水。

也许没有人相信，这名扳道工仅仅是一名普通人，每天都在认真履行自己的职责，没有误工的不良记录。他的儿子是弱智儿童。他总是告诉儿子："自己长大后能做的工作很少，但一定要有一样是非常出色的。"儿子对父亲的教导并不理解。

但是，父亲教他“卧倒”的动作，他做得非常出色。这是一个非常简单的动作，却在危急时刻让生命延续。

“卧倒”这个动作是父子俩玩打仗游戏的时候孩子唯一做得最出色的动作。

父亲在这个千钧一发时刻做出了自己的选择，履行工作职责，同时孩子也在生命攸关的时候服从了父亲的命令。

孩子是弱智儿童，也许他不知道发生了什么，听懂父亲的命令就这样做了。也许也会有人说，当时看到火车，自己已经吓傻了，只能这样做了。可是，将父母的嘱咐记在心里并落实到行动中的孩子又能有多少呢？家长一般以语言交流的方式对孩子进行教育，没有以身作则传递给孩子正确的信息，就很难对孩子产生教育影响力。最为重要的是，如果家长缺乏进取心，自己都做不到，即便嘱咐的话再多，对孩子又如何能起到教育作用呢？

这个生活中的特例，非常值得天下父母反思。

家庭中，父母对孩子的影响力是非常大的。孩子的模仿能力非常强，在每天与父母接触中，就会模仿父母的行为。父母有进取心、严于律己，就会将这种正能量传递给孩子。父母庸庸碌碌，孩子也会变得很懒散，消极思想的形成必然会影响他的生活。

“人往高处走”，每个人都希望自己在人前受到尊重，喜欢与积极上进的人接触，即便是孩子也是如此，随着孩子的成长，也会对不求上进的父母产生厌恶心理。

家庭教育中，父母对孩子不仅要“言传”，更要“身教”，增强自己的进取心，对孩子就会形成潜移默化的影响。

指导方法：

孔子曰：“其身正，不令而行；其身不正，虽令不从。”家长要得到孩子的尊

重，就要让自己成为孩子的榜样，让孩子知道积极进取不是一味的刚强，而是要用自己的智慧和努力完成自己的任务。当遇到阻挠的时候，要勇于克服，可以适当地妥协，目的是为了积蓄能量，更好地实现最终的目标。

家庭教育与学校教育有所不同，缺乏系统性，家长在无形中就必然会对孩子产生影响。如果家长在工作中不上进，用说教的方式让孩子在学习中积极努力，这种言行不一致的做法很难让孩子心服口服，甚至会让孩子产生反感。

家长用自己的行为对孩子进行规范，通过行为教育让孩子看到家长要求的事情自己也做到了，孩子自然也会做到。采用这种循循善诱的方式进行家庭教育，效果会更好。

细节二：与孩子并肩学习

小浩是小学二年级的学生，对暑假已经期盼已久了，想一想都开心：“不用早起上学，不用回答老师提出的问题，这是多么令人兴奋的事情呀！”。暑假的第一天小浩在家玩了一天，从第二天开始写暑假作业了。这一天是星期天，妈妈陪他写作业。小浩对妈妈说：“妈妈，老师布置了英语、语文的背诵作业，家长帮助测试。还有一些奥赛题需要做，做完之后要家长检查和签字。”妈妈听了非常不高兴。觉得孩子终于放假了，自己也可以放松放松，谁知道孩子放假了，自己却成了小学老师。于是，板着脸，用不高兴的口气说：“你们老师还说了些什么？”小浩见妈妈的脸色都变了，就小心翼翼地说道：“再开学就三年级了，老师让预习下个学期的课程。对了，还要观察记录一粒种子的生长过程。”妈妈听了孩子暑假需要做的事情，有点儿不耐烦，说：“不是倡导‘减负’嘛，怎么放假了还需要家长做这么多的事情？”小浩说：“老师说了，家长要和孩子一块儿学习。”妈妈听了小浩的话，沉默了。

学生都盼着假期，希望从学习压力和精神压力中解脱出来。孩子放假就要回归家庭教育，孩子放松了，家长就更需要承担起教育孩子的责任。很多家长认为，教育孩子是教师的事情，很多孩子感觉假期作业的难度比较大，无法自己完成，就需要家长提供帮助。正如这个案例中所陈述的一样，家长不仅要帮助孩子学习功课，还要带孩子上辅导班补课，并进行植物生长过程观察。似乎看起来孩子放假比上学还要忙碌，很多的家长对此充满了无奈。换个角度想想，如果家长参与到孩子的这些活动中，携手共同完成孩子的学习任务，不仅使孩子的假期更为充实了，家长也体验了孩子的学习经历，就更能了解孩子。这对孩子自主学习能力的培养是非常有利的。

家长配合老师教育孩子是对学校教育的补充和完善，家长承担起教育孩子的工作，主要的目的不止在于提高学生的学习成绩，而是让家长见证孩子的成长，对孩子的学习情况更为深入地了解。案例中要求孩子“观察记录一粒种子的生长过程”，不仅要写日记，还要将每一个成长阶段都拍下来，做好排版。这些都需要孩子和家长共同完成，家长还要帮助孩子查找各种相关的资料。家长帮助孩子，自己也是在学习，还可以将自己学习到的经验和收获讲给孩子听，激发孩子的学习兴趣，孩子就会在实践活动中主动发表自己的见解，与家长合作一起解决遇到的问题，孩子的自主学习能力就会在实践活动中逐渐培养起来。

指导方法：

家长与孩子共同学习是非常重要的，优秀的家长都是后天学习的，逐渐成长为值得孩子学习的人。在孩子学习的过程中，家长也要为自己“充电”，与孩子一起成长。

家长与孩子之间是相互影响的，家长与孩子并肩学习，创造平等的家庭氛围，让孩子知道学习不仅是任务，而且是日常生活中的内容。当孩子认识到这样一点，

就不会让学习成为一种负担，而是以平常心对待，养成良好的学习习惯。

假期是家长与孩子共同成长的机会，家长就要充分利用起来，对孩子的学习和活动都要感兴趣，不要只是说教和干预，而是要参与到孩子的这些活动中，用自己的行动鼓励孩子积极进取，当孩子犯错的时候要与孩子共同反省，改正不恰当的教育方式，将孩子引领到正确的学习轨道上来。

劳逸结合，孩子更爱学习

细节一：让孩子在玩耍中学习

琳琳很喜欢金鱼，总是央求父母给买金鱼，可是父母认为养金鱼是件很麻烦的事情。一个周末，父母带着琳琳去水族馆参观，琳琳高兴得不得了。走出水族馆，琳琳就要买金鱼。妈妈看到女儿执着的小眼神，就和爸爸商量买了两条金鱼回家。琳琳双手捧着小鱼缸，就好像捧着宝贝一样，小心翼翼地。

鱼儿该换水了。第一次换水后的第二天，妈妈就发现一条金鱼很不精神，鱼苗也不喜欢吃。晚上下班回家，妈妈发现鱼儿死了一条。琳琳哭得很伤心。妈妈觉得，养鱼是要掌握方法的，于是就让琳琳别哭，上网查一查养鱼的方法，看看哪里出了问题。琳琳找了一会儿，说换水的时候要用存放超过两天的水，自来水中有漂白粉，会伤害到鱼儿，另外鱼缸不要用洗洁精冲洗。妈妈在单位请教养鱼的同事，获得了一些养鱼的经验，于是，每天都与女儿共同观察金鱼，从换水到喂食都按照学习的知识按部就班地做。在妈妈和琳琳的共同努力下，剩下的一条小金鱼就这样存活了下来。琳琳说："鱼儿太孤单了，再买一条吧，看看它多可怜。"既然已经掌握了养鱼的一些经验，妈妈对养鱼也比较有信心，就又买了一条。看着两条鱼欢快地游来游去的，琳琳高兴极了。一家人体会到了养鱼的乐趣。

案例中的父母一开始对养鱼并不感兴趣，原因是主观上认为养鱼是一件很麻烦的事情，更为重要的是不会养。琳琳的坚持让父母妥协了。可是，养鱼也是一门科学，养鱼的方法不正确，鱼儿就会死亡。这个时候，琳琳的妈妈意识到养鱼是一种玩乐，也是对孩子进行教育的好机会。于是，就让琳琳自主查找养鱼的方法，自己也向同事学习了一些养鱼的经验，配合孩子操作，鱼儿终于活了下来。

孩子都喜欢玩，玩的过程中就会学会各种知识。家长将孩子喜欢玩耍的天性充分利用起来，向学习方面引导，让孩子一边玩耍，一边学习，尊重他们的兴趣，而且还鼓励他们勤于思考，敢于尝试新鲜事物。

学习需要坚持，迈出第一步，就要坚持走下去。一些看似玩乐的事情，其中的学问是很多的。养鱼换水不当，鱼儿死了，就要研究鱼儿死的原因，纠正错误的做法，并进行第二次尝试。孩子在一次又一次的尝试中，就会获得知识，知道如何做是正确的。如果不让孩子做，孩子就永远都不知道怎么做是对的。即便在书本中学习了相关的知识，但没有经过实践也难以产生深刻的印象，而且难以做到学有所用。所以，家长要将孩子的玩耍活动充分利用起来，认识到这是一个非常好的教育环境，而且可以获得事半功倍的教育效果。

指导方法：

孩子的户外活动，可以培养孩子的交往能力，孩子的创新能力也会得到提高。家长和孩子玩各种游戏，诸如捉迷藏、赛跑等等，要设定好规则。孩子在玩耍的过程中可以寻求游戏的规律，从多个角度思考如何让自己获胜，对培养孩子的思维能力是非常有帮助的。

多与孩子出去散步，让孩子充分接触大自然，在自然环境中通过接触、体验，也会产生各种问题。家长就可以力所能及地向孩子讲解，无法解释的，就寻求各种途径与孩子共同学习。以这种方式让孩子获得知识，不会让孩子产生心理负担，性格上更为积极向上。

细节二：开展创造性游戏

孩子的想象力丰富，创造力也是非常强的。澳大利亚有一名9岁的男孩名叫Tadyn Flood，希望妈妈给自己买一块苹果智能手表。妈妈认为这个要求是无理的，就拒绝了。

有的小朋友因为对父母的要求没有得到满足，就会很沮丧，甚至又哭又闹，之后就将事情淡忘了。Tadyn Flood却一直记在心里，而且琢磨如何能让自己买得起苹果智能手表。经过长时间的思考之后，Tadyn Flood决定自己创业。

Tadyn Flood在视频网站上学习手工制作香氛蜡烛的技术。刚开始制作时由于技术不精，总是失败，可是，Tadyn Flood并没有放弃，逐渐地就掌握了操作规律，制作出来的产品也就越来越好，慢慢地就有人购买他手工制作的产品了。后来就有很多人知道这个“小小创业者”是为了买苹果智能手表而自主创业，为了支持他的事业，帮助他完成心愿，人们知道后都会买一两支手工香氛蜡烛。Tadyn Flood的蜡烛10~15美金/支，每个星期他都到集市上摆摊，能卖30~40支。

Tadyn Flood的妈妈起初认为儿子是三分钟热度，游戏而已。可是，看到儿子始终坚持着，就参与到儿子的创业活动中。妈妈说，虽然给他买一支表会更直接一些，但是，儿子能靠自己的劳动换取报酬买自己喜欢的东西是非常令人自豪的。Tadyn Flood不仅买到了手表，而且也变得更懂事了。在创业之前，Tadyn Flood认为学校的课业很令人头疼，当他开始创业之后，就没有这样的想法了，他不仅学习成绩提高了，银行的存款也在暴涨。Tadyn Flood说，自己不会放弃自己的事业，还会继续努力。

Tadyn Flood是非常具有创造力的孩子。他的愿望没有从妈妈那里得到满足

之后，并没有放弃，而是想办法自己赚钱满足需求，不仅买了自己喜欢的手表，而且创造性思维被激发起来之后，学习成绩也大大提高。

Tadyn Flood是有目的地从事创造性的活动。在家庭生活中，家长要让孩子参与到创造性的游戏中，就要鼓励孩子参加学校组织的各种活动，将自己的主观思维表达出来。比如，现在的学校都会开展一些小卖场活动、手工制作活动等等。这些都是具有创造性的活动，孩子在学校参加活动，家长也可以在家里创设类似的活动环境，帮助孩子将主体意识树立起来。孩子在活动中主动吸收知识，也会总结学习知识的规律，自主学习能力就会有所增强。

著名教育家陶行知曾经说过，要将孩子的创造力解放出来。家长要培养孩子的创造力，就要塑造相对宽松的游戏环境，为孩子提供各种游戏材料，帮助孩子安排时间。对于孩子而言，虽然具备了运算能力，但是，对行为的感知力是非常强的，在对过去的经验进行回忆后，便经过选择，组合、加工之后形成了新的思路，这就是孩子的创造力。将现实生活中的场景以游戏的形式呈现出来，采用科学合理的引导方式，对于孩子所获得的成就给予鼓励和支持，孩子不仅从创造中体验快乐，而且还可以享受到成功的喜悦。

指导方法：

孩子对未知的事物普遍具有好奇心。家长在尊重孩子好奇心的同时，还要激发这种好奇心，通过开展游戏活动培养孩子的创造力。游戏活动要具有较强的社会实践性，让孩子在游戏中对自己所学习的知识加以验证，提高孩子对知识活学活用的能力。比如，带领孩子参加社区公益性活动，详细记录孩子每一天的活动内容，让孩子提出不懂的问题，通过各种可用的方式进行社会调查去分析问题。并提出解决问题的方法。家长要支持孩子主观创造性的想法，帮助并提供解决问题的途径，鼓励孩子自主解决，孩子适应社会活动的能力就会增强。

创造的过程就是探索的过程。孩子缺少社会经验，知识视野有限，出现错误是必然的。家长要激励孩子，让孩子保持创造的积极性。家长对孩子所创造的产品要予以肯定的评价，即便是产品不够完美，甚至看起来有些丑陋，也要给予赞赏，让孩子充满自信心。孩子在不断解决问题的过程中，就会形成积极进取的心态。家长在帮助孩子不断成功的过程中，孩子也能认识到自己的创造潜能，自主解决问题的热情就会被激发起来。

让孩子合理规划自己的学习与生活

细节一：让孩子痛快地玩

一名小女孩从4岁开始学习钢琴，每天都按部就班地练琴，进步很快。妈妈还安排孩子学习舞蹈、书法等等，孩子都很听话，认真地学习。现在孩子上小学了，一个月之后，妈妈觉得女儿在学习上没有那么踏实了，而是有些浮躁。每天放学回家不写作业，就和小朋友疯玩。妈妈回来让她回家写作业，她就敷衍了事。练钢琴也没有那么认真了。对此，妈妈没少训斥女儿，可是无济于事。

为了让孩子恢复到以前听话学习的状态，妈妈为女儿请了一位家教，帮助孩子讲解课本上的难题，将孩子在学习中所遇到的困扰解除。但是，这位家教并没有与小女孩温习功课，而是每天与其一起玩耍。小女孩每天都有玩伴，当然是很开心的了。当小女孩玩累了，家教就该回家了，告诉小女孩，明天再来，咱们接着玩。就这样，家教每天都陪着小女孩玩。一个多月过去了，孩子的妈妈发现家教就是这样来教孩子的，觉得有些不妥，家教告诉家长，自己做事情一定是有分寸的。过了没几天，小女孩对家教说："我们做功课好吗？我不想玩了。"

家教很高兴地说："好呀，做功课和玩耍一样，是很开心的。"

于是，小女孩开始每天认真读书了。

孩子每天都在成长，成长中的想法也会发生变化。妈妈希望女儿依然很听话，每天按部就班地学习。这种愿望是可以理解，但不符合小女孩的成长实际。当小女孩进入到小学阶段后，学习环境和生活的状态都在发生变化，接触到很多喜欢在一起玩耍的同学和小朋友。玩乐是小孩子的天性，他们在一起玩的乐趣是远远超过学习的。

妈妈给孩子请个家教，被小女孩当作了玩伴，每天不做功课，尽情地玩。玩了一段时间后，小女孩就意识到自己的心理上正在与学习疏远，这让她感到了不安，特别是玩腻了之后，心理上产生莫名的空虚，于是就自主地要求读书了。

要让孩子提高学习效率，就要让孩子做到“痛痛快快地玩，认认真真地学”，家长要做的就是帮助孩子将学习和玩耍的时间安排好，做到学习和玩耍两不耽误。

指导方法：

既然小孩都喜欢玩，没有将注意力放在学习上，就不要迫使孩子学习，让孩子放松地玩，但是，家长就要考虑为孩子合理安排玩耍的时间，孩子彻底放松之后，还要全身心地投入到学习中。对此，家长要与其他孩子的家长统一认识，玩耍的时间结束了，孩子们就都要回家学习。一些课外的学习活动，诸如绘画、弹琴等等都可以适当地压缩时间，注意培养孩子的兴趣，而且还要帮助他们保持兴趣，让孩子玩的时候认真玩，学习的时候就要全身心投入到学习中。

孩子的模仿能力比较强，喜欢模仿爸爸、妈妈、老师和同学的角色。家长可以让孩子扮演这些角色，自己扮演孩子的配角，配合孩子表演，让孩子在玩耍中对社会有所认识。

很多的家长认为孩子的玩具需要买，事实并非如此。家里的一些生活用品都可以作为孩子的玩具。水杯、纸巾、毛巾等等都可以作为玩具，让孩子在玩耍的过程中动脑筋，能很好地刺激大脑的发育。

将游戏与日常生活内容相融合，孩子在生活中感受到欢乐，还可以从中获得启发。比如，包饺子或者蒸馒头的时候，可以让孩子将饺子和面团捏出自己喜欢的形状，还可以提高孩子参与劳动的意识。

细节二：学习时间要适宜

比尔·盖茨是微软公司的创始人，比尔·盖茨在校的时候学习效率是很高的，完成功课的时间比其他的同学短，他就会利用课余时间到学校图书馆担任管理员。刚到图书馆的时候，这里的管理人员给他讲了杜威的十进位制的图书分类上架法，管理人员并没有过多的理论讲解，而是从图书馆工作的应用角度简单地讲解，比尔·盖茨很快就学会了。

比尔·盖茨刚到图书馆做了一项“侦探式的工作”，就是面对一大摞过期借阅书卡，上面的一些记录是错误的，相关的书籍已经找不到了。比尔·盖茨接到工作之后，就好像一名侦探一样认真地干起来，已经忘了时间。管理人员让他休息一会儿，而此时比尔·盖茨已经找出三本记录有误的书卡，一定要将工作做完才休息。直到管理人员说，图书馆的室内空间比较封闭，空气环境不太好，工作一段时间后，就需要出去呼吸呼吸新鲜空气，这样有益于健康，工作的时候头脑也会更清醒。这时，比尔·盖茨才会放下手中的工作出去活动10分钟。第二天，比尔·盖茨很早就来了，是要将找书的工作干完。

这一天图书馆下班的时候，比尔·盖茨对图书馆的管理人员说，要当图书馆的正式管理员，管理人员很喜欢这位干起活来勤奋努力的小伙子，很快就答应了。

几个星期之后，比尔·盖茨一家人请这名管理人员吃晚饭。比尔·盖茨的母亲告诉管理人员，因为要搬家了，所以比尔·盖茨需要转学。可是，比尔·盖茨还惦记着自己的工作，不知道那些丢失的图书由谁来找。

图书馆的管理人员有些遗憾，也感觉到这名小男孩与常人不同。他无论是学习，还是工作，效率都是非常高的，而且两者互不影响，将学习和工作的时间都安排得非常妥当。

令人意外的是，小男孩转学没几天，就又回来了，原因是新学校的图书馆不让学生勤工俭学，比尔·盖茨就决定回来上学了，继续从事图书馆的工作。

比尔·盖茨长大以后，成为信息时代的一名奇才，这与他的勤奋、努力和毅力有着直接的关系。从案例不难看出，比尔·盖茨的学习效率是非常高的，功课很快就做完了，之后就投入到工作中，而没有同一些中国的学生那样做完功课还要到各种补习班学习。学习时间合理安排，就可以获得较高的学习效率，而且学习质量也会提高。

也许有人会说，比尔·盖茨是个天才，天资聪明，任何的知识很快地就会理解，这样他就会比别人拥有更多的休息时间，但是比尔·盖茨是用工作来代替的休息，而且对工作的责任心非常强。他对待工作就像是对待学习一样，没有完成工作就不休息。由此可见，比尔·盖茨对自己是有要求的，而且自主学习能力非常强，无论是学习，还是工作，都要高效完成，不会找任何的理由拖延时间，也不会放弃自己的责任。

另外，比尔·盖茨的家庭也给予了他莫大的支持。为了能在图书馆工作，比尔·盖茨又回到了自己原来的学校学习。这就是家长对孩子持有的信任态度，也是对孩子持之以恒精神的尊重。孩子得到了家长的支持，就会更加努力地完成分内的事情。

指导方法：

孩子的学习中，集中注意力的时间是有限的。为了让孩子在有限的时间内高效完成学习任务，孩子每个学科的学习时间不宜太长，最好是局限在20分钟以内，

之后让孩子做自己喜欢的事情。如果孩子需要出去玩，可以安排他在出去玩的前30分钟至1个小时为学习时间。学习的时间短，还要出去玩，孩子就会充分利用这段学习时间，增强紧张意识，学习时注意力就会高度集中，学习效率自然会提高。

一些家长为了让孩子在考试中取得好成绩，就不断地督促孩子学习，孩子被动地在家长的帮助下学习，并养成了学习依赖性，学习任务需要家长三番五次地督促才能完成，这就是家长没有认识到控制好孩子学习时间的重要性。控制好孩子的学习时间，目标并不在于“时间”本身，正如一些家长所质疑的，孩子的学习时间不到一个小时是不是太短了，可是，如果孩子集中注意力在半个小时内就可以完成的学习任务，为什么要让他用一个小时的时间呢？就像比尔·盖茨一样，学习任务完成了，就可以做一些其他的事情，张弛有度，孩子的时间观念也会增强。

第 3 章

好家长会用积极的话语引导孩子自主学习

言语表达要规避矛盾冲突

细节一：不正面表达反对意见

易建联是前NBA球星，著名篮球运动员。父亲易景流曾经是广东省手球队主力前锋，母亲也是运动员。有一次父亲到体校看儿子，发现儿子的球鞋裂开了，就提醒儿子，换双好点儿的球鞋，可以避免训练中脚和膝盖受伤。易建联说，自己的脚宽大，要穿48码的运动鞋，很难买到，而且每天都在水泥地上训练，鞋穿一个多月就破了。易景流跑遍深圳的各个商场也没有买到48码的大鞋。于是，易景流去了香港，终于找到了，900港币一双，共买了6双。儿子看到爸爸买了这么多的球鞋，非常感动，也更加努力地练球。易景流就是用这种方式鞭策儿子，让儿子找不到停下来的任何借口。

一次，易景流去儿子宿舍，看见宿舍里坐着几名少年队员，浓重的烟味扑鼻。他并没有质问儿子。第二天，易景流送给了儿子一个礼物，就是易建联盼望已久的手机。易景流把礼物交给儿子后，说："收到了礼物，就要答应我一个条件！"易建联以为爸爸的条件一定是让自己好好训练，没有想到，爸爸拿出一个手机挂坠一根燃了一半的香烟。易建联知道这是爸爸提醒自己要抵挡住吸烟的诱惑。后来又换了几部手机，但是这个挂坠一直都没有换。

2003年底第七届世界青年锦标赛上易建联节节失利，篮板的争抢都出现了失误。易景流了解儿子性格温和，缺少霸气，就决定采用“激将法”。比赛过后，易景流找到了儿子，将解聘书拿出来给儿子看，说：“我和你妈妈都已经辞掉工作了，我们都得靠你打球养活了。”这个方法果然奏效了，易建联在球场上开始变得勇猛起来，动作灵活，即便是已经受伤了，鼻梁被碰骨折，也要重新上场。易景流看到儿子的球风硬朗起来，非常高兴，因为儿子已经意识到，打球不是一个人的事情，而是关乎全家人生活幸福的事情，他希望让自己的父母生活得更好。

易建联一步步走上成功的道路与其父亲的教育是密不可分的。对于易建联行为上的不妥之处，父亲并没有直接表达反对意见，而是用自己的行动暗暗地激励儿子努力，让他没有消极偷懒的借口，对自己的不当行为做到适可而止。父母是非常了解孩子的性格，在易建联比赛场上失利的时候，父亲用了激将法，让儿子承担起养家的责任。有责任就会有动力，易建联在比赛中目标明确，一定要赢，赢了才会给父母幸福的生活，因此在球场上就更为勇猛善战。

孩子在学习中都会产生惰性心理。如果惰性成为一种习惯，对于其未来的成长是非常不利的。家长直接提出反对的意见，孩子就会有各种理由搪塞，甚至会产生抵触情绪。不正面表达反对意见，对孩子采用引导的方法，让孩子认识到自己的不当之处，孩子就会自觉地改正惰性心理，变得积极努力起来。

指导方法：

很多孩子都觉得学习是个苦差事，枯燥乏味。家长和老师要求孩子去学习，就是希望长大之后生活幸福。如果不学习，长大了就没有出息。孩子不理解父母的良苦用心，当孩子感到疲累的时候，就会无休止地抱怨。这时家长切记不可以随声附和，以免让孩子产生学习很辛苦，不应该学习的错误想法，而是要乐观地回答：

“是吗？我怎么觉得学习是很有趣呢！”给孩子正确的心理暗示。然后再了解孩子不愿意学习的原因，分析原因后，做相应的指导，孩子听了后，就会减轻对读书的厌烦之情。

孩子被动的学习状态必然会影响学习效果。对于孩子错误的学习态度，家长可以用自己的爱心和真诚感化孩子，引导孩子提高学习积极性。学习是需要勤奋努力的，来不得半点儿虚假，同时学习也是需要方法的，方法得当可以提高学习效率。给孩子塑造宽容的学习环境，对于孩子的错误要引导孩子自己认识到并自觉改正。孩子为了提高学习质量，会不断地调整学习方法，寻求适合自己的学习方法。在学习中孩子大脑的思维性也会得到开发。

细节二：以恳求的语气与孩子言语交流

一个星期天，妈妈让孩子帮忙做家务，孩子对妈妈说：“付出劳动是不是需要获得回报？我先记录下来要做哪些事情，将获得的报酬也详细记录下来，这样就知道一个月能获得多少劳动报酬了。”孩子说着，就找出一张纸和一支笔，开心地记录，“起床自己叠被，应支付2元；扫地和拖地板，应支付7元；到超市买东西，应支付5元；洗碗，应支付5元；今天很乖，应支付10元。一共应支付29元。”

孩子将纸放在餐桌上，就开始做事情了。妈妈忙着做家务，对孩子的话没有放在心上。当他坐在餐桌旁休息的时候，看到了孩子记录的内容。就在下面接着写了如下的内容：

妈妈怀胎十月生下你，应支付0元；妈妈教会你说话、走路，应支付0元；妈妈每天为你做饭，送你上学，应支付0元；妈妈有时间就陪你去游乐园玩，应支付0元；妈妈每天都盼望你健康地成长，应支付0元。

之后，妈妈接着做家务。当孩子把被子叠好、扫地、拖地板的活干完之后，坐在餐桌旁休息，等着妈妈给钱去超市买东西。孩子顺手将餐桌上纸拿起来看到了妈

妈的字迹。孩子看着还在忙碌着的妈妈，一脸愧疚地说："妈妈，我干点儿活就想索取，却没有考虑到妈妈都是在无私地付出。"妈妈停下手中的活，坐下来对孩子说："妈妈无私的付出并没有抱怨，因为那是妈妈的爱，真正的爱是不能用金钱计算的。所以，你也要理解妈妈的爱，体谅妈妈的辛苦。"孩子变得高兴起来，说："妈妈，我一有时间就会帮您做家务，不让您太累。"

现在的孩子从小就被爱包围着，往往会认为生活就应该是这样的，不懂得珍惜的同时还持有获取之心。这就需要父母承担起对孩子教育指导的责任。告诉他们如何爱护别人、体谅父母，让孩子明白父母对自己的付出。在告诉孩子这一切的时候，还要维护孩子的自尊。所以，父母在与孩子针对这方面的问题进行交流的时候，就可以适当地用恳求的语气，让孩子懂得父母的不易。父母都有为孩子付出而不求回报的心理，希望孩子幸福、健康、快乐地成长。但是，家长在与孩子交流的时候要用真诚恳切的态度，让孩子体谅父母的含辛茹苦。切记对孩子用命令的语气或者居高临下的态度，只有真诚才能让孩子明白事理，做一个真正关心、体贴父母的好孩子。

指导方法：

教育源自爱，以爱为核心展开教育，所使用的教育技巧就在于如何爱护孩子。没有尊重，没有爱护，就无所谓对孩子的教育了。作为家长，在教育孩子的过程中，要塑造和谐的氛围，不可以采取高压政策对孩子进行驯服式教育，要在不损坏孩子自尊心的情况下，让孩子了解父母的处境。当孩子感受到父母是需要自己的时候，就会为父母提供帮助，而且还会在帮助中得到满足。

家长以恳求的语气在与孩子言语交流的过程中，要注意语言运用的效果。一些在孩子眼中比较强势的父母，偶尔用这种方法会让孩子有些动容，能够获得良好的效果。如果对孩子唠叨、漫骂，或者使用声泪俱下的方法，只能刺激到孩子，之后孩子就会露出抗拒的表情。恳求的语气要建立在亲情的基础上，孩子感到亲情的重要后，就会对家长持有理解的态度。

不吝啬对孩子的赞美

细节一：对孩子的进步要及时表扬

一个孩子考试得了85分，回到家里，妈妈问："考试成绩出来没，多少分呀？"孩子没说话，将试卷给妈妈看。妈妈看后笑了，说："不错嘛，这次有进步呀，上次考试还没过80分呢，这次超过80分了，进步很快呀，令人惊喜啊！看看这道题，难度很大呀，你竟然都能答对，可见上次考试之后，你就学习很用功了，值得表扬。"孩子听了妈妈的一席话很开心，就对妈妈说："这道题班级里的好多同学都没有回答上来。考前复习的时候我做了不少题，其中的一道题和这道题很类似，当时是我自己做出来的，所以就答对了。"妈妈说："这么说，多做题还是有好处的。"孩子说："是呀。"突然，妈妈瞪大眼睛盯着一道题说："这道题不是我们俩讨论过的题吗？你说我的计算方法不对，后来看了这道题的解析，还是你做对了。"孩子说："这道题我印象太深刻了，考试的时候很快就做出来了。"孩子接着说道："这个考卷上的一些题老师在考试的前一天已经讲过了，我都记下来了，回家还认真复习了，解题方法就都记住了。"妈妈说："看来上课认真听讲，回家认真复习太重要了。"

妈妈说："怎么样，自己对这个成绩满意不？"孩子说："当然不满意啦！要不是马虎，我会得90分的。”妈妈说：“那该怎么做呢？”孩子说：“上课要认真听讲、多做题，争取下次考试不再马虎了。”妈妈说：“不会的问题怎么办呢？妈妈好像帮不上什么忙。”孩子说：“我会积极请教老师。”

这个孩子在妈妈的引导下，开始考虑如何在下一次考试达到自己的目标了。

每个家长都希望自己的孩子考试获得好成绩，但如果要求过高，就会让孩子感到巨大压力，难以用心学习，将心思用来如何应付家长。这个案例中的家长则是采用赞美孩子的方法对孩子进行鼓励和引导，让孩子知道如何做是正确的。正面的语言为孩子提供的是正能量，让孩子对学习持有积极心态并充满自信，积极思考如何通过努力才能够获得更好的成绩。

黑格尔曾说过：“不应该使孩子们的注意力长久集中在过失中。对此，尽可能提醒就够了。最重要的是要在孩子身上激发出对自身力量和自身荣誉的信念。”家长要能体会到鼓励对于孩子的身心健康是非常重要的。每个孩子都是有潜力可挖的，采用欣赏和鼓励的方式进行发掘、引导，发现孩子身上的“闪光点”，并且将“闪光点”突出、放大，并发自内心地赞美，让孩子从中获得信心，在学习中扬长避短，不断进步。

指导方法：

家长在教育孩子的时候，赞美是一种手段。采用恰当的赞美方式，对孩子的自主学习就可以起到促进作用。

从心理学的角度而言，当孩子在学习中感到疲惫的时候，受到赞扬就会产生积极向上的心愿。孩子的成长是需要鼓励的，家长对孩子的表扬也是一种职责，引导孩子正确地看待自己的学习，有益于孩子的身心健康。爱孩子，就要经常赞美孩子。只要孩子在学习上有进步就给予赞美，随着孩子不断成长，将赞美的标准提

高，孩子就会自主地规范自己的行为，合理安排自己的学习时间和学习内容，便会对孩子起到很好的引导作用。

对孩子的赞美要有明确的目标，对事不对人。当孩子的表现是家长所期待的，就要及时赞美，即便是很小的进步，也要提出赞美。对于年龄小的孩子，可以采用身体接触的方式表达赞美，对于年龄大一些的孩子，赞美的方式要恰当，不要过于浮夸，做到心领神会即可，孩子会更加努力，将事情做得更好。

细节二：借助第三者对孩子赞美

文雨是个很顽皮的孩子，不仅喜欢玩，而且还会搞破坏。在文雨六岁的时候，到奶奶家玩，自己就爬上了书房的椅子，坐在了桌子上。桌子上面放着一个台灯，让文雨碰倒了。奶奶看到孩子跑到桌子上了，就让她快点儿下来，孩子执意不肯。奶奶说："看看桌子上的台灯是不是你碰倒的，那可是姑姑的，被姑姑发现了是要生气的。"文雨挪了挪身体，让自己距离台灯远一些，说："不是我碰的。"

妈妈在客厅看孩子不听话，就走进书房说："快下来，奶奶经常夸你长大了、懂事了，就听奶奶的话了，怎么奶奶说话又不听了呢？"文雨看看奶奶，又看看妈妈，踩着椅子自己就下来了，还拉着奶奶的手说："文雨是乖孩子，听奶奶的话。"

妈妈说："看奶奶是不是生气了，把新学习的古诗背给奶奶听吧。"

文雨这次很听话，把学习的古诗一首接一首地背给奶奶听。

每背完一首古诗，大家都鼓掌夸奖一番。文雨得到鼓励，就背得更起劲了。

赞美的话，能带给孩子正能量，引导孩子向更好地发展。但是，一些家长不知道如何有效地赞美孩子，不妨借用第三者的口吻赞美，可以获得非常好的效果。

案例中妈妈对孩子的赞美就是通过第三者传达给孩子的，更能让孩子纠正自己的错误，知道怎样做是正确的，让奶奶喜欢的。妈妈就在孩子听话的时候，让孩子背一背自己新学习的古诗，不仅起到了复习的作用，还让孩子充满自豪感，对自己学好古诗也会充满信心。

借助第三者的话语赞美孩子会让孩子感到真实，可以暖到心里，也会让他继续努力。

指导方法：

用赞美的语言教育孩子，可以将孩子“行动意识”激发起来，还会激励自己一定要做到。但是，赞美要到位，虚假、不切实际的赞美，就难以起到良好的效果。借助第三者赞美孩子，赞美的内容要具体，还要让对方感到真实而有诚意。孩子对于夸奖也是有一定的分辨能力，这种夸奖偶尔使用，就可以激发孩子的兴趣，而且会表现得更好。

通常一个人对自己的某个方面不自信，如果得到夸奖会非常高兴。比如，一个学生的学习成绩一般，夸奖他学习有上进心、有进步，就可以起到激励效应。文雨是个顽皮的孩子，喜动不喜静。听说奶奶夸她很乖，自然是不会让奶奶失望，就变得很听话了，之后背几首古诗，向奶奶进一步证明自己很乖，得到夸奖后自然会更加努力做一个乖孩子了。

借助第三者赞美孩子，这个第三者需要是孩子重视的人。否则，当孩子听到赞美的话时，未必是相信的，或者根本就不在意，如果是孩子重视的人给予的赞美，孩子就会认为自己得到了认可，很容易相信，也会非常高兴，内心中是欣然接受的。

以提问的方式激发孩子自主探索

细节一：在特定的情境中提出问题

明明在客厅看电视，听妈妈喊他，就跑到了厨房。原来，是妈妈让明明切苹果。明明找来水果刀，按照习惯的竖着切苹果的方法，剩下的苹果核被切成的形状就好像两只小耳朵一样。明明将切好的苹果摆到果盘里。

当明明要切第二个苹果的时候，妈妈说："这次换个切法吧，不竖着切了，横着切苹果好不好。"

明明的兴致被激发起来，连声说："好啊，好啊！"

妈妈说："那么，你想想看，如果横着切苹果，会看到什么呢？"

明明看看刚刚切下来的还摆在桌子上的苹果核，想了一会儿说："估计所有的苹果籽都会看到的，这么竖着切，还有的苹果籽藏在果核里面看不见。"

妈妈笑了，没有说话，示意明明可以切苹果了。明明横着将苹果切为两半，之后就近乎兴奋起来，将一半苹果拿给妈妈看，还大声说："妈妈，看，苹果核是一朵'梅花'，五个花瓣，这太意外了。"

妈妈看着明明兴奋的样子，就问："想想看，为什么切苹果会将果核切出梅花的图案呢？"

明明很快回答："因为切苹果的方向不同了。"

妈妈点点头，指了指摆在果盘中的苹果。

"苹果变颜色了，白色的果肉有点儿变红了。这是怎么回事儿呢？"妈妈疑惑地看着明明。

明明说："每次我切苹果的时候，就会发现过了一会儿苹果就变成这种颜色了。我也不知道为什么。"

妈妈说："我们上网查查好不好，一块学习学习。"

明明很快地打开电脑，用搜索引擎开始搜索，妈妈坐在一旁看着儿子操作。

明明说："妈妈，找到答案了，原来是苹果中有一种酶，与空气中的氧气相遇后，就发生化学反应了，所以苹果的果肉才会变颜色。"

妈妈点点头，说："哦，原来是这样啊。看来生活中有好多我们不知道的秘密，我们要善于观察，勤于思考才能明白这些道理。"

切水果是很平常的事情，可是有谁能发现切水果也能切出很多我们所不知道的学问呢?

心理学家皮亚杰曾经说过："一个人既不太注意熟悉的东西，也不太注意陌生的东西，因为和他的生活中的任何东西都没有联系。"

案例中的妈妈就是利用切苹果这个日常的生活内容将自己的孩子对知识的探索欲望激发出来。我们切苹果通常都是竖着切的，这一次妈妈让孩子横着切苹果，就是在引导孩子打破思维定式，从不同的角度看问题，不仅让切苹果更有趣味性，而且生活内容也更为丰富了。孩子从不同的角度感知水果的各种特点，就会产生深入探索的欲望，启发孩子思考更多的问题并尝试自主解决问题。

指导方法：

孩子对事物充满好奇心是天性，但是，在观察和探索事物的时候，往往存在着

盲目性，所以，注意力难以集中。随着孩子一点点长大，对经常看到的和接触到的事物就会熟视无睹，不再有好奇心，也不愿意探索了。用提问的方法引导孩子观察事物、探索问题，并在特定的环境下进行，可以激发孩子探索的兴趣，让他从多个角度思考问题，思维变得更为灵活。

孩子提出问题的时候，孩子的视角与成人有所不同，家长就要尊重孩子的视角，关注孩子心理层面的特殊需求，对孩子的答案表示认可，之后让孩子自己验证答案，这样可以让孩子探索事物的兴趣变得持久。

孩子的观察能力是有限的，认知水平也比较有限，家长通过提问可以对孩子正确引导，让孩子按照合理的顺序观察事物。当孩子在认真观察的过程中，家长可以提出更多的问题，在孩子探索问题的过程中，家长也需要参与其中，与孩子共同探索。

细节二：鼓励孩子表达自己的观点

一位妈妈把女儿带到美国纽约，第一件事就是培养女儿的口才。当时纽约的一家媒体要在母亲节这一天组织中文演讲比赛，女儿的英文还不太好，这个演讲比赛刚好适合她。妈妈就给女儿报了名，希望让孩子通过锻炼增强公开演讲的自信心。可是，报完名之后，妈妈又有些犹豫了，心想："如果女儿的自信心没有被树立起来，反而伤害了自尊产生了畏惧的心理该怎么办？"为了避免出现这样的事情，妈妈帮助女儿选定了几个演讲的内容，都是女儿非常熟悉的故事和儿歌。果然，女儿对这次演讲非常不自信，说："不想参加比赛了，那么多人看着，想想都紧张。"过两天，又说："我自己去参加比赛吧。"妈妈说："这些儿歌和故事都是你非常熟悉的，你可以挑选一首你最喜欢的。"女儿选了一首儿歌，妈妈陪女儿反复练习了几次。终于到了比赛这一天，女儿没有迟疑，和妈妈去参加比赛了，在前面的小朋友讲演结束之后，女儿勇敢地登上了演讲台，对着观众席行了鞠躬礼之后就声情并茂地朗诵儿歌。女儿的儿歌内容比较简单，但是表演得很自然。当女儿演讲结束后，赢得了热烈的掌声。

美国家长对于孩子的演讲能力是非常重视的，会利用这种方式鼓励孩子发言，无论讲的对与错，孩子都会得到表扬。课堂上，教师提问的时候，也会尽量照顾到每一位学生，让他们都有发言的机会，即便学生说错了也没有关系。这一教育理念是为树立学生的自信心而营造的氛围。犯错误也是学习的途径，学生当然乐于发表自己的看法。一些美国的家长也会在孩子的面前有意识地犯错误，告诉孩子每个人都会犯错误，目的就是鼓励孩子表达自己的真实观点。

案例中的妈妈希望培养孩子的口才，让孩子参加演讲比赛的目的就是让她在大庭广众下勇于正确地表达自己的观点，这是对孩子的一种锻炼方式。其中提出美国的教育方式，即无论孩子的表达是否正确，教师和家长都要对孩子表示肯定，以这种方式鼓励孩子大胆地说出自己的观点。

一些家长对孩子照顾得无微不至，甚至已经到了一手包办的程度。孩子没有表达自己观点的机会，只有说“是”和“不是”的权利，逐渐地，孩子会对父母产生依赖性。这样的孩子缺乏自我表达能力，独立办事的能力也得不到培养。

孩子没有表现自我的机会，思维惰性就会产生，思维辨识力薄弱，表达能力自然会欠缺，甚至孩子的沟通能力不足，这都不利于孩子心智的正常发展。

指导方法：

当孩子发表自己的看法时，即便家长已经知道，也可以装作不知道，让孩子展现自我。孩子获得了表达看法的权利，就会深入思考，勇敢沟通，这对培养孩子的自我表达能力是非常有帮助的，同时还可以激发孩子的表现意愿。孩子的表达能力不仅会增强，当众发言的时候还会充满自信。

要培养孩子的自我表达能力，家长就要帮助孩子合理安排一些活动，让孩子有表达的机会。孩子为了让自己有更好的表现，就会根据自己的需要安排学习时间，收集活动资料，所有的工作都是独立完成，孩子准备得越充分，对参加活动的自信心就会越强。家长以活动的方式培养孩子的自我表达能力，可以通过制定自主学习规范，采用榜样教育的方式，让孩子从效仿开始，按照规范自主学习，做好各方面的准备，而且还要自主安排时间，家长尽其所能地予以支持。

当孩子与家长交流的时候，家长要对孩子持有鼓励的态度。家长对孩子的提问要高度重视，进而满足孩子的求知欲，让他们对知识的探索更加热情，而且愿意将自己的观点说出来与周围的人共享，成为喜欢学习的孩子。

小妙招激发孩子的学习欲望

细节一：用温和语调与孩子交流

今天是周末，蓉蓉一家人本来计划去郊游的，可是天公不作美，淅淅沥沥地下起雨来，郊游就没有去成。蓉蓉很不高兴，自己嘟囔："好不容易盼个周末去郊游，还不能去了。"

妈妈见她不高兴了，就说："这个周末不能去，我们就下个周末去，先把作业写完，然后我们可以做一些其他的活动。"

蓉蓉听妈妈说还有其他的活动，一张要哭的脸马上就面带笑容了，问妈妈："有什么活动？"

妈妈说："不能去郊游，我们可以去书店、室内游乐场，或者看场电影……"

蓉蓉很开心，就回到自己房间写作业了。小孩子沉不住气，听说要出去玩，就心里着急，作业写得很潦草。妈妈看了心里很生气，却没有表露在脸上。她知道，孩子不是写不好，而是对写作业没有端正态度。妈妈压抑着自己的情绪，用温和的语调对孩子说："你心里着急要出去，可是，作业写得这样潦草，老师都不知道你写的是什么，还是重写吧！我让你重写是希望你用对待玩耍的态度对待作业。而且，我相信你第二遍写的速度也会比第一遍快。好好写，不会耽误你出去玩的

时间。”

蓉蓉听了妈妈说的话，看看自己写的作业，确实是太潦草了，有的字自己都认不出来，就对妈妈说：“我撕掉它，重新写。”

蓉蓉写完作业后给妈妈看。妈妈接过作业说：“你看看重写作业用的时间，是不是快很多啦？”

妈妈翻看蓉蓉写的作业，说：“这一次写得很工整，明天老师会表扬你的。”之后，妈妈和蓉蓉去了游乐场。

后来，蓉蓉的作业写得都非常工整，妈妈每次看到他的作业，都会表扬一番，蓉蓉受到表扬后就更加认真、仔细地写作业了。

一些家长与孩子交流的时候，没有注意语气，很容易对孩子造成伤害。孩子也许还没有“自尊”的意识，可是面对家长的不良情绪，就会无所适从。如果压抑太久不得释放，就会转化为愤怒，后果是非常严重的。

孩子顺从家长并不意味着对家长的话表示认同，而是内心的恐惧使然。如果家长给孩子过大的心理压力，孩子的身心健康就会受到影响。特别是比较黏人的孩子，家长对孩子的依赖不耐烦了，就会出口不逊，伤害孩子的自尊心。家长没有对自己的行为做出解释，孩子就会认为家长很讨厌自己。

案例中妈妈对蓉蓉的行为也是很生气的。妈妈承诺蓉蓉有新的外出活动，孩子为了能早点儿和妈妈出去玩，作业写得很潦草。妈妈压抑着自己的情绪，很耐心地鼓励孩子端正态度写作业。孩子得到妈妈的信任后，写作业就有动力了，重新写的作业也就工整了许多。

孩子都不希望听到家长的唠叨和责备，更愿意听到的是友善的语调。多数的家长都喜欢用命令的语调与孩子交流，每次都对孩子这样说话，就不能起到提醒的作用，仅仅是一种唠叨。用轻柔的低声调与孩子交流，孩子能感受到家长温和的情绪，便能稳定自身的情绪，认真地倾听家长的意见。

指导方法：

家长要让孩子接受自己的意见，就要用比较温和的语调代替命令的语调，用平等的态度与孩子交流，不要让自己高高在上。

与孩子交流的时候，要围绕孩子感兴趣的话题展开，这样的沟通更为顺畅，而且家长对孩子的思想动向可以准确把握。

由于孩子掌握的知识量有限，对问题的理解比较慢，家长要有足够的耐心帮助孩子，为孩子指导正确的方向，让孩子认识到自己的行为是错误的，并尽快改正。对于孩子改正错误的行为，家长要予以表扬和鼓励，孩子便会做得更好。

细节二：用讲故事的方式与孩子进行情感沟通

近几天，儿子总是说老师不喜欢他。我问他："老师为什么不喜欢你呢？"

儿子说："老师不止一次批评了我。"

我问："老师为什么批评你呢？"

儿子说："老师说我不听话。"

我对儿子说："你在家里不听话的时候，妈妈和奶奶是不是也批评你呢？有时候还会非常大声地呵斥你，可是，这并不能说明妈妈和奶奶都不喜欢你呀。老师批评你也是为你好呀，是让你认识到错误并改正错误。"

儿子好像突然明白了，咯咯笑了起来。

一天，奶奶到幼儿园接孩子，回来说："老师要求每个小朋友都要给大家讲个故事，孩子有点儿腼腆，不愿意走到前面给大家讲故事。"

晚饭后我和儿子坐在一起，我给他讲《不一样的卡梅拉》系列故事，当讲到《我爱小黑猫》的时候，说："小黑猫可以战胜各种困难，为什么呢？"

儿子说："小黑猫非常勇敢，我喜欢小黑猫。"

我说："那么，你是不是也要向小黑猫学习，变得勇敢一些呢？"

儿子点点头。

第二天，儿子和奶奶回来了，非常高兴。儿子看到我就大声说："我今天在幼儿园给大家讲故事了，老师和同学们都很爱听，还给我鼓掌呢！我还鞠躬谢谢大家了。"

我高兴地说："儿子很棒，果然像小黑猫一样勇敢。讲的是什么故事？"

儿子说："《河马先生的魔术》。"之后，他还有模有样地给我和奶奶讲了起来。

儿子有了第一次上台讲故事的经历后，体会到这件事并没有想象中的那么难，成就感油然而生，变得更加开朗了。可见我用《我爱小黑猫》的故事鼓励他还是非常有效的。

孩子长大了，想象力就更为丰富了，小脑袋里也会产生很多的想法。家长要多与孩子进行交流，了解孩子的想法，增进彼此之间的感情。家长在尊重孩子想法的同时，予以正确地引导，孩子得到家长的安慰和帮助后，就会沿着正确的学习方向更加努力。

用讲故事的方式与孩子进行情感沟通，关键在于要了解孩子的想法。当孩子倾诉他的看法时，家长也要将自己的想法说出来，选择合适的故事内容引导孩子。孩子虽然敏感，但听到家长的想法，就可以卸掉心理负担，也会将故事的内容与自己的生活联系起来，发挥故事的激励效应。

指导方法：

对于孩子而言，家长是孩子学习的帮手。目前，很多家长给孩子的课外时间安排得满满当当的，孩子马不停蹄地奔赴各种辅导班。家长对孩子有监护权，承担孩子的课外教育费用，还应该辅导孩子的学习，但是，现在的许多家长却很少留出时间与孩子正面交流。孩子有接受教育的权利，也有自主支配课余时间的权利。家长合理安排时间给孩子讲故事，可以让孩子在紧张的学习中得到放松，而且还会用正确的语言方式表达自己的想法。孩子在学习之余还能体会到故事的乐趣，发挥故事对孩子学习的引导作用。

家长给孩子讲故事的时候，要讲孩子喜欢听的，而不是自己想说的。孩子的敏感性比较高，接受暗示的能力非常强，家长不妨让孩子参与到讲故事的活动中，家长讲一部分，让孩子发挥想象力接着讲。只要孩子将故事的内容延续下去，就对孩子予以表扬。随着孩子的自信心增强，就会打开思路，通过对故事内容的理解，想象的空间得以扩展。当故事讲完之后，家长还要让孩子对故事中的人物进行评价，包括人物的行为、思想、人品等等，都可以自主评价。家长以讲故事的方式与孩子进行情感沟通，对孩子是一种鼓励，孩子也会乐在其中。

第 4 章 教孩子管理自己的情绪

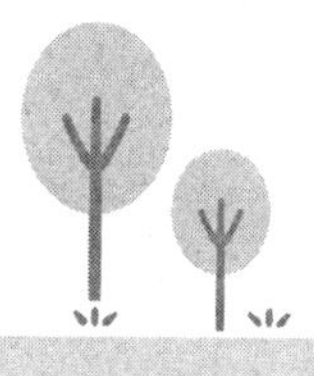

给孩子释放情绪的空间

细节一：耐心听孩子的倾诉

最近嘟嘟脾气很不好，每天早晨上学都非常不情愿，放学回家也是闷闷不乐的。妈妈很奇怪，觉得应该和孩子好好交流一下了。

这一天，嘟嘟回来了，把小书包放到自己卧室的地上就要跑出去玩。正在做饭的妈妈赶快喊住嘟嘟，说："嘟嘟，过来帮妈妈挑菜，否则要很晚才能吃上饭，你饿不饿？"

嘟嘟说："妈妈，挑完菜，我要出去玩一会儿，都一天没有出去玩了。"

妈妈很好奇地问："为什么呢？课间的时候没有出去放松吗？"

嘟嘟看了看妈妈，小声说："我讨厌同学们，不喜欢和他们玩。"

妈妈说："和同学们闹矛盾啦，没关系，过两天就都忘记了，要学会和同学好好相处才对。"

嘟嘟说："妈妈，我不喜欢他们，前几天音乐课上，老师让我唱歌，跑调了，大家都笑我，我很生气，下课我就和笑声最大的同学打起来了，还被老师罚站。我不喜欢他们。"

现在妈妈知道为什么最近嘟嘟总是发脾气了，还喜欢往外面跑，原来是和同学

们闹矛盾了，在用这种方法宣泄自己憋闷已久的情绪。

妈妈没有批评嘟嘟，而是对嘟嘟说：“不和同学们在一起，一个人多孤独呀。心里有不高兴的事情，就要找老师沟通呀，把你的真实想法告诉老师，老师一定可以帮你的。你唱歌跑调了，同学们未必是在笑话你呀，他们可能是觉得很好玩才会笑的。你和同学发脾气，还打人家，现在还不愿意理同学们，不是会让自己更生气吗？”

嘟嘟听了妈妈的话，好像想明白了，就对妈妈说：“明天早晨上学我就去找老师，告诉老师打架是我不对。”

妈妈笑了，说：“这就对了，以后要和同学好好相处，每天开开心心的，才能更好地学习。”

培养孩子良好的情绪对孩子的未来发展非常重要。孩子发脾气一定是有原因的，家长要关注孩子的情绪变化，与孩子沟通，倾听孩子的烦恼，了解孩子发脾气的缘由，帮助孩子找到解决问题的方法，让孩子心中的郁闷得以释怀。只有孩子心情舒畅了，才会端正自身的态度，全身心地投入到学习中。

案例中的妈妈感觉到嘟嘟情绪上的变化，就找机会与孩子沟通，耐心听孩子的倾诉，了解孩子产生不良情绪的原因，家长在认真听孩了讲话的过程中，就会给孩子安全感，孩子很自然地会对家长产生心理依赖，孩子与家长之间的心理距离因此而拉近，随着烦恼被倾诉出来，孩子心中的不满得到宣泄，就可以避免孩子的暴力行为。

家长在聆听孩子的倾诉时，要站在孩子的立场上，从孩子的视角理解，这就是家长赋予孩子的爱，通过与孩子进行的情感交融，以此作为教育孩子的起点，对孩子耐心引导，教会孩子面对困难的时候该如何用恰当的方式处理问题，而不是躲避问题。

指导方法：

孩子在不同的成长阶段，思想上都会有所变化。聆听孩子的倾诉是了解孩子的第一步。有效地引导孩子的倾诉，能够让家长知道孩子想要什么，有针对性地为孩子提供帮助，亲子关系便会更为融洽，对孩子的身心健康成长也是非常有利的。

孩子的情感表达是比较直接的，从他们的日常行为变化就可以了解他们的内心情绪变化。此时，家长不可以急于知道孩子变化的原因，而是要与孩子交流，让孩子知道爸爸妈妈是可以信赖的。

当孩子向家长倾诉的时候，家长要成为一名好听众，不要表露出敷衍的神情，更不可以不耐烦地打断孩子的话，对孩子的讲话内容要持有肯定的态度，让孩子觉得家长是关心自己的，也更愿意说出自己的心里话。

孩子对家长倾诉是想知道家长对此事的看法，家长在孩子面前要明确自己的态度，用孩子可以听懂的语言将自己的想法告诉孩子。如果孩子的语言过激，家长就要保持冷静的态度，用温和的语言疏导，切忌粗暴地呵斥，引导孩子向老师寻求帮助。

细节二：帮助孩子正确表达情绪

董舒今天要参加学校的篮球比赛，一大早就高高兴兴地出门了。可没过多久，董舒便哭着回来了。父母一看孩子这么一会儿就回来了，还哭得这么伤心，知道一定是出事情了，就都跑到孩子面前，问：“怎么了？出什么事情了？”

孩子哭得说不出话来，伸出手让父母看。父母都明白了，原来是受伤了，出了点儿血，明显是外面的动物挠的。爸爸握住孩子受伤的手，轻轻地吹气。妈妈告诉孩子：“没事儿，一会儿就不疼了，告诉爸爸妈妈是怎么回事。”

孩子一边抽泣，一边说：“我往小区的大门跑，不知怎么的，一只狗就扑上来

了，把我的手挠了。”

爸爸问：“走这么早还会迟到吗？跑什么呀？小狗以为你是拿了什么东西要逃跑呢。”

一句话把孩子逗乐了。妈妈给董舒手上的伤口消毒，之后就让爸爸给老师打电话，将孩子的情况告诉老师，之后，便带着孩子去医院了。

到了医院，医生说：“没有事，只要按时打针就很快好了。”

董舒听医生这么说，还是有些不放心，小心翼翼地问医生：“我会不会死呀？”

医生看着孩子的样子，笑着说：“不会的，现在的医学很发达，及时注射疫苗，按时打针，就会好的。”

董舒听了，变得开心起来。现在父母才明白，原来孩子是担心自己会死呀。

孩子的情绪表达与成人有所不同，更具有目的性。当孩子哭泣的时候，就是希望获得帮助，解决掉自己面临的问题，而不仅仅是想获得心理上的安慰。孩子哭泣是因为情感脆弱，家长不可以责备，而是应该允许他们哭泣来宣泄自己的委屈。如果家长对孩子的情绪表达不予重视，敷衍了事，这对孩子的成长是非常不利的。家长要维护孩子的自尊，对孩子的怨气采用合适的方法处理，让孩子的心智健全平衡地发展。

指导方法：

在多数的家庭中，孩子没有接受过情绪方面的教育，表达情绪往往采用最自然的方式，不仅情绪得不到缓解，别人对这种情绪表达也很难做出正确的判断。

家长对孩子进行情绪教育的时候，要提升责任感，通过教育引导孩子，而不是改造孩子。如果孩子有情绪的时候仅仅是发泄，而不是说出自己的心理感受，家长就要为孩子提供合适的宣泄方式，比如，大声喊叫出来、出去做运动等等，通过这些方式可以让孩子将愤怒排解出去。

对于哭泣的孩子，不要让孩子停止哭泣，眼泪是释放情绪最好的方式。此时，要指导孩子如何正确地表达自己的感受，告诉孩子父母会帮助他。当孩子认为父母是可以帮助他解决问题的，就会很自然地停止哭泣，将自己的心理感受说出来。

家长发现孩子产生不良情绪的时候，要用换位思考的方法理解孩子，让孩子知道自己的情绪对周围环境的影响，教会孩子判断情绪、控制情绪、释放情绪，成为掌管好情绪的主人。

帮助孩子解决情绪问题

细节一：感知孩子的情绪变化

周末的下午，我们一家人约好晚上出去吃饭。爱人晚上要加一会儿班，儿子把寝室的钥匙丢了，正在寝室忙着找钥匙，我就告诉儿子："你慢慢找，我们还都不饿。"

大约30分钟的时间，儿子回来了，气鼓鼓地将自己卧室的门推开，将书包扔在地上，之后就开始翻找自己的书包，一边找还一边嘟囔，埋怨自己脑子是不是有病，怎么总是丢东西。

儿子在前几天已经丢了一把寝室的钥匙了，这是新配的，结果又丢了，所以才会这么生气。

看着儿子近乎绝望的表情，我说："歇一会儿吧，去冲个澡，一会儿你爸爸回来，我们一块儿找。"

一会儿，爱人回来了，让儿子好好想想丢钥匙之前都去过哪些地方，是不是都找一遍了。接着又说："丢了没关系，再配一把呗。我们先吃饭去。"

儿子说："你们去吃吧，我没有胃口。"

我说："要不给你带个汉堡吧。"

儿子说："不想吃。"

我从冰箱里拿出一盒酸奶放在桌子上，就和爱人出去吃饭了。吃过饭之后，我们还给儿子买了汉堡。回来看见儿子的情绪缓和了许多，我把汉堡交给儿子，儿子也饿了，拿起来就吃，还喝了口酸奶，开始跟我讲他找钥匙的过程。我没有发表意见，只是听着，偶尔附和着。我觉得责备是没有用的，而是需要寻求解决的办法，儿子还要继续释放情绪。

当他说完之后，我就问："还能再配一把钥匙吗？"

儿子说："得到教务处填写申请表，说明丢失的原因。"

我说："能解决就好。今天是你太着急了，估计是放到衣服兜里，打完球拿起衣服就把钥匙甩出去了。"

儿子说："我不是气这个，我是气自己怎么总是丢东西，刚配了一把钥匙结果又给丢了。"

我说："过去的事情生气也没有用，把自己都气坏了。谁都会犯错误，错误是教训，解决错误是能力。经历过的都是财富，人都是这么成长起来的。"

儿子说："知道了，以后遇到事情先想办法解决，生气是解决不了问题。"

看来我的话儿子听进去了，我感到很欣慰。

孩子的情绪控制能力是薄弱的，家长帮助孩子调整情绪是非常重要的，这关乎孩子未来对环境的适应性。如果孩子没有较好的控制情绪的能力，就必然会影响生活。所以，家长要感知孩子的兴趣变化，了解孩子产生情绪的原因，正确地对待孩子的情绪。

上面的案例中，儿子将钥匙丢了，家长并没有责怪，而是帮助儿子缓和急躁的情绪，告诉儿子正确地面对问题和处理问题，生气是解决不了问题的。当儿子情绪稳定之后，头脑逐渐清醒了，家长和儿子共同分析丢钥匙的原因，事实上也是间接地告诉儿子钥匙放在不安全的地方，一不留神就会丢失，以后就要注意不要这么

做。儿子认识到钥匙确实找不到了，就开始考虑解决的办法。

孩子的任何经历都是成长的过程，家长的责任就是让孩子的经历变成能力，让孩子在每一次经历中都会有所进步。家长对孩子的情绪变化多加关注，运用正确的引导方式，让孩子自主想办法解决问题，家长予以必要的支持，对提高孩子的情商非常有利。

指导方法：

家长发现孩子有不良情绪的时候，要先感受他的情绪。孩子的情绪是有目的性的，家长要了解孩子的目的，才会具有针对性地帮助孩子解决问题。比如，孩子需要买手机，家长不给孩子买，孩子如果有情绪，家长体会到孩子的情绪后，就要及时反馈，告诉孩子："我知道你想要，但是不能给你买，因为你的要求已经超出了我可以承受的底线。"当孩子知道父母已经对自己的情绪有所体会，而且自己的目的确实达不到后，就会逐渐缓和情绪。也就是说，孩子在遇到困难而自己无法解决的时候，所需要的不是家长对他进行讲道理或者安慰，而是要让别人知道自己的情绪，理解自己的感受，用这种方式从别人那里获得力量之后，就可以自我安慰。

如果孩子的情绪没有被感受到，长久积压得不到发泄，就会内化为性格。当遇到导火索而导致情绪爆发的时候，就难以控制自己的行为，甚至会造成伤人事件。家长要学会感知孩子的情绪，才能用正确的方式与孩子沟通，分享孩子的心理变化，指导孩子采用正确的发泄方式。

细节二：指导孩子制定可行方案

郑杰上初中一年级了，还保留着小学的学习习惯，每天写完作业就出去玩。小学的学习内容少而单一，初中课程比较多，即便郑杰头脑聪明，由于没有掌握正确的学习方法，加之贪玩的性格，学习成绩开始下滑。

郑杰的英语成绩不太好，他对妈妈说：“期中考试没有考好，我一定努力在期末考试中取得好成绩。”妈妈听了郑杰的话没有说什么，至少孩子知道自己应该努力了，感到很欣慰。

郑杰开始用行动证明自己的承诺，每天都做英语练习题，自己也很乐意这样做。可是，一个星期过去了，妈妈就发现郑杰又开始放松自己了，不再做英语练习题了，也不复习英语知识了。

晚上郑杰回来，妈妈提醒孩子说：“你要在期末考试前提高英语成绩，不做练习题怎么行呢？”

郑杰说：“我没有忘记我说的话，可是我做了几天练习题，没有见效呀，况且其他学科的作业比较多……”

妈妈笑着说：“做个学习方案吧，学习是需要日积月累的，不是几天就能见效果的。”

郑杰很听话，开始制定学习方案，之后给妈妈看。

妈妈说：“你的学习方案中，各个学科的学习时间会不会太紧凑了，没有休息时间呀。学习方案要符合自己的学习情况，还要认真执行。”

郑杰也认识到这一点了，心想：“对呀，怎么没有安排休息时间呢？”对学习方案重新做出了调整。

妈妈说：“学习方案要根据自己的实际学习情况做出调整，建议你一个星期调整一次，让学习方案真正地发挥作用。”

郑杰点点头。

在一些家长眼里，孩子贪玩，缺乏自主学习性，是不勤奋努力的结果。当孩子学习成绩不好的时候，他们为了提高成绩，会突击学习几天，缺乏持久性。学习成绩提高不是一蹴而就的事情，而是要养成良好的学习习惯，因此制定切实可行的学习方案是非常有必要的。孩子按照方案学习，知道什么时间应该学习哪些知识，逐渐地，孩子就会养成良好的学习习惯。

制定学习方案可以让孩子知道，知识是需要日积月累的，学习需要经历一个长期的过程，每一个阶段的学习都是整个学习过程中的重要环节，要有足够的意志力。如果孩子在执行学习方案的时候表现出了懈怠，就意味着学习方案存在问题，家长要向孩子及时提出来，帮助孩子调整方案，鼓励孩子要坚持下去，将方案落实到具体的学习行动中，才能激发孩子积极学习的意识。

指导方法：

家长在指导孩子制定学习方案的时候，注意学习方案要与孩子的生活习惯相符合，课堂学习态度、与同学之间的学习交流情况等等都是重要的参考依据，这样才能使方案具有可行性，对学习发挥指导作用。

学习方案对孩子每天的学习内容起到指导作用，让孩子的学习目的明确，提高学习效率。所以，学习方案要以孩子的学习内容为核心展开，保证方案能真正地落实，才能够发挥学习方案的指导意义。

要给孩子留有自由活动的时间，让孩子学会放松。孩子在学习中长时间注意力集中，就会降低学习效率，孩子疲备不堪就必然会失去对学习的兴趣。让孩子张弛有度，才能保证在学习中有充沛的精力。

对孩子的情绪设定底线

细节一：对孩子的不合理要求民主对待

爸爸接丁丁放学，丁丁要求吃个冰棍儿，爸爸不让吃。妈妈定下了个规矩，就是如果气温低于30摄氏度丁丁就不可以吃冰棍儿，可是，今天的气温已经达到32摄氏度了，怎么还不可以吃呢？

丁丁说："我要问问妈妈，这是妈妈定的规矩。"

丁丁用爸爸的手机给妈妈打电话："妈妈，我今天吃个冰棍儿好吗？"

妈妈说："不可以，这个时候的冰棍儿都不是今年新做的。你看看妈妈将冰箱里去年的冰棍儿都清理了，吃了会坏肚子的。喝一杯酸奶吧。"

丁丁觉得很沮丧。虽然希望能吃到冰棍儿，可妈妈不让吃，那就喝酸奶吧。

丁丁是个比较有主见的孩子，爸爸、妈妈允许丁丁表达思想，就是为了培养丁丁的独立意识。如果父母对丁丁的要求持有否定态度，就要说出理由，如果丁丁认为理由可以接受，就会改变自己的主意。

妈妈认为，中医理论里的避冷对身体健康非常有好处，即便是在酷暑天气，也尽量不要吃冷饮，吃冰棍儿更是妈妈所避讳的。

丁丁会时不时地提出要求。比如，想多看一会儿电视。妈妈就会说："多看一会儿没关系，但是不能持续看，玩一会儿再看。”丁丁吃饭也会挑食，就说：“这个菜不好吃，不吃了。”妈妈就会说：“即便是不喜欢吃的菜，也要尝尝味道，逐渐接受，太挑食不利于身体健康。”丁丁的优点是，只要父母有正当的理由就会接受，没有养成固执的性格。

塑造良好的家庭氛围对孩子的人格起到基础性的作用。案例中的丁丁虽然有自己的独立思想，但是，其最大的优点就是能够接受劝告，只要是正当的理由，丁丁都会坦然接受，不会固执己见。妈妈为孩子的成长塑造了民主的环境，丁丁就与人有很好的沟通能力。家长对孩子的爱要放在心里，对于孩子的不合理要求，就要拒绝。孩子总有一天是要走上社会的，即便是在学校，也有被别人所拒绝的时候。丁丁被父母拒绝了，就会调节自己的心情。

良好的家庭氛围不仅可以让孩子养成良好的生活习惯，而且沟通能力有所增强，在社会群体中也会让孩子与他人减少摩擦，与人交往会更为和谐。

指导方法：

一些孩子因为对家长提出要求而被家长否定，就会耍脾气，家长的处理方式就是置之不理、打骂，以纠正孩子的不良习惯。但是，这些方法尽管让孩子听话了，他们也不会知道自己错在哪里，并且如果处理方式不当，孩子的人格没有得到尊重，会让孩子心怀不满。家长需要做的是与孩子沟通，让孩子知道自己被拒绝的原因，自觉地接受家长的拒绝。

对于固执己见的孩子，父母在与其在沟通的时候可以适当用严厉的口吻，让孩子知道没有商量的余地。之后，家长说明拒绝的原因，让孩子反省自己的错误，这样可以培养孩子对事物的辨别能力，避免类似的错误重复出现。

同样的事情，家长之间的意见要保持一致。一些孩子很聪明，在妈妈这里被拒绝了，就去寻求爸爸或者奶奶、爷爷的帮助。如果大人之间没有达成一致的意见，就会让孩子养成要小聪明的习惯。另外，家长对孩子的管理态度要始终如一，不要被情绪驱使，心情好就什么都答应，心情不好无论孩子的要求是否合理都予以决绝，这样会对孩子造成伤害。

细节二：对孩子设定“底线标准”

萌萌在很小的时候，妈妈为了让她听话，就设定了行为规范，以培养孩子遵守社会规则的习惯。与此同时，妈妈还制定了一些处罚的措施，如果孩子犯错误，就要予以相应的处罚以警示。

比如，说好去公园玩不可以买零食吃的，如果还在公园中哭闹着要零食吃，就立即回家；如果孩子说谎，就要面向墙站立一个小时。

萌萌在幼儿园的时候还是比较有个性的，喜欢将东西扔到地上，之后就很开心的样子。妈妈告诉她这样做是不对的，她就自觉地面壁思过。从那以后，就不再扔东西了。妈妈认为自己对孩子的管理还是很有方法的。

对于各种惩罚措施，萌萌并没有反抗过。自从孩子上小学后，就开始性格内敛一些了。学校有什么事情孩子也不愿意和父母交流，也难得看到孩子快乐的样子。

妈妈要求萌萌每天都要换衣服，要让自己干干净净地去上学。一天早晨，孩子没有换衣服就要上学，被妈妈叫回来了，说：“今天怎么没有换衣服呢？快换了衣服。”孩子看了看墙上的钟表，就赶快脱下外衣，换了妈妈递给他的衣服就跑出去了。孩子明显很着急，也没有违反妈妈的规矩。但是，不满的情绪就这样压抑着，淤积在心里。

终于有一天，萌萌的老师打来电话，说萌萌把同学打哭了。妈妈很惊讶，说：“萌萌是很乖的孩子，怎么会打同学呢？”

老师说：“上体育课同学们都在一起玩球，萌萌在一边自己玩球。这名同学就凑到她那要和她一块玩球，萌萌不同意，然后萌萌就把球打到同学身上了。”

妈妈到学校，见到萌萌说：“打同学是不对的。”

萌萌说：“他抢我的球，才不对呢，做错事了就要受到惩罚。”

这句话是妈妈经常对萌萌说的，妈妈现在听到萌萌说同样的话，变得哑口无言了。

为了培养孩子养成良好的行为习惯，为孩子制定一些规范是可以的，但是，如果规范过于严格，就会剥夺孩子的健康和快乐。一些家长望子成龙心切，怕孩子不听话，就用家长的权威让孩子严格执行规矩，正如案例中的孩子一样，孩子很听话，也很守规矩，犯错误了甘愿受罚，但是孩子的天性被抹杀了，封闭自己，不愿意与家长交流。

孩子是独立的个体，他们有学习的权利，也有玩耍的权利。孩子虽然年龄很小，也是渴望被尊重的。所以，孩子犯错误的时候，要给孩子反思的空间，让孩子自己认识错误并自主地改正错误，而不是接受家长的惩罚。惩罚可以让孩子“听话”，但是未必能彻底解决孩子的错误问题，还会招致孩子的心理排斥感。一旦孩子拒绝与家长交流，家长就很难了解孩子，对孩子的成长非常不利。

指导方法：

为孩子设定行为规范的时候，不要过于严格，可以对孩子设定“底线标准”，让孩子有冷静思考的机会，自己认识到错误。当孩子情绪不好的时候，家长要允许孩子发泄，还要对孩子的情绪进行疏导，让孩子对家长产生情感依赖感。孩子快乐、忧愁、愤怒的时候都可以与家长分享，家长就可以充分了解孩子的心理变化，对孩子予以鼓励，并指出行为不妥之处。

为孩子制定行为规范，如果限制太多会让孩子感到压抑。因此可以将规则弹性化一些，控制在“底线标准”范围之内。最好家长制定标准的时候要与孩子商讨，或者与孩子共同制定，给予孩子足够的尊重，让孩子自主制定行为规则，自主执行，这样就会让行为规则内化为孩子的行为准则，孩子在行为上就会自觉地克制自己。

对孩子的要求不可以直接拒绝，用变通的语气更容易让孩子欣然接受。比如，孩子要吃零食，就告诉孩子：“是不是饿了，马上就吃饭了，而且有你非常喜欢吃的菜。”孩子就会等着吃饭。

给孩子自主处理问题的权利

细节一：让孩子自主规划学习进度

茅以升是中国的土木工程学家、桥梁专家、工程教育家。10岁时就以优异的成绩考入江南中等商业学堂读书。茅以升家境贫寒，在学堂经常被人嘲笑。但是，茅以升并不因此自卑，而是要让这些只重视衣冠的人看看自己要比他们成绩好很多。

茅以升为自己制定了学习计划，包括作息时间都非常明确，每天按照计划读书。清晨，茅以升到河边背书，一次在背圆周率的时候，边走边背，注意力太集中了，一不留神，就一脚踏进河里，全身都湿透了。从此，学堂的学生都叫茅以升“书呆子”。

一年的学校新年晚会上，同学们各个都表演文艺节目，展示自己的才艺。有同学想捉弄茅以升，就提出让他也表演个节目。茅以升没有退却，而是走上前台，郑重其事地说：“我不会表演什么节目，就给大家背一背圆周率，3.141592653589793……”，一直背到小数点100多位数字。师生们都鼓起掌来。从这一天起，师生们对茅以升产生了敬意。

原来，茅以升看到书本上已经将把圆周率精确到小数点后面的100位数字，茅以升就想，既然圆周率这么重要，我就应该把它背下来。茅以升每天早晨就开始背圆周率。他给自己背圆周率制定了计划，每天早晨起床背一遍，中午吃饭之前背一遍，晚饭之前再背一遍，就这样坚持一天背三遍，每天都如此。背圆周率到小数点100多位数字也不是一气呵成的，而是循序渐进地进行，先背小数点后边的10位数字，背熟了之后，就背小数点后的20位、30位，最终将圆周率小数点后的100位数字都背下来。

茅以升经常说的话就是："人的头脑、人的四肢，越用越灵，越练越强。相反，不经常磨炼，时间长了，就会生锈。"

茅以升每天勤奋学习，刻苦钻研，养成了自主学习的习惯，最终成为土木工程学家、桥梁专家，也是一名著名的工程教育家。

茅以升家境贫寒，却没有放弃读书。他的读书是很有方法的，就是为自己制定了严格的学习计划，每天严格按照计划读书。特别是在背圆周率上，茅以升对学习的进度进行了合理安排，结果将圆周率小数点后的100位数字都背下来。可见，合理安排学习进度是非常重要的。

小孩子都是比较贪玩的，即便是教师已经布置了作业，也不愿意写，让孩子主动学习就更是难上加难了。一些家长会为孩子控制学习时间，孩子就会将注意力集中在时间上，对功课依然是心不在焉，心浮气躁地磨时间，收效甚微。家长将控制时间改为控制学习的量，就像茅以升背圆周率一样，从小数点后10位数字到20位数字……让孩子自己规划每一个学习阶段完成的量，并按照时间的进度进行。这样，孩子就会将学习的注意力转移到"量"上，在规定的时间内将自己计划的功课任务完成，这样，孩子的自主学习积极性就会提高了。

指导方法：

让孩子自主规划学习进度，家长要予以必要的指导。家长要了解孩子的学习情况和学校课程的安排，做到孩子自主学习的进度与学校的教学课程进度同步，以及做到学生在校学习和家庭学习之间相辅相成。

家长让孩子自己制定学习进度，不可以将自己的想法强加于其中。尊重孩子的意愿是孩子自主学习的前提条件。孩子的学习进度要与其学习习惯相符合，还要符合孩子的生活习惯，主要的目的是在规定的时间内完成一定量的学习任务，为后续的学习奠定基础。所以，学习的进度不可以过于紧凑，而是要留下空白的时间段，一旦有偶然事件发生的时候，可以根据实际情况对学习计划做出调整，保证学习进度。

学生按照学习计划学习，就会根据自己的学习情况灵活调整学习方法，有助于提高学习效率。当孩子进入到学习疲倦期的时候，家长要帮助孩子坚持执行学习计划，对孩子的学习动向予以关注，提醒孩子学习，让孩子养成良好的自主学习习惯。

细节二：发挥说服教育的引导作用

唐代诗人李白被誉为“诗仙”。事实上，李白在小时候是个淘气不爱学习的孩子。他觉得读书很枯燥乏味，而且也很累，一点儿也不好玩。有一天，李白实在是感觉读书无聊了，就丢下书偷偷地跑出去玩了。他一边闲逛，一边四处看，想找个玩伴，却看见一位老奶奶在河边坐着，手里拿着一根粗大的铁棒在石头磨，非常专注，李白蹲在她面前看很久老奶奶都没有察觉。李白看着老奶奶一下一下地磨，疑惑地问：“老奶奶，您这是做什么呢？”“我在磨针。”老奶奶回答，并没有抬头。“磨针？”李白非常不解，看了看粗铁棒，问道：“这么粗的铁棒，要磨成非常细的针？”这时，老奶奶将头抬起来，看着李白，说：“是的，铁棒子很粗，要将它磨成针是非常困难的。但是，我每天都磨，总有一天，这个铁棒子会磨成针的。孩子，只要功夫深，铁棒也一定会磨成针的！”李白虽然年龄小，但是领悟力非常好。听了老奶奶的话，心里想："对呀！做事情无论多难，只要有恒心，每天都不放弃，就一定会做成的。同样读书的时候遇到不懂之处，坚持多读，每天都读，总有一天会读懂的。"李白又想到自己的贪玩，感到非常惭愧，于是跑回家中继续读书。

多数学生在学习遇到困难或者感到学习很枯燥乏味的时候，就会像李白一样，注意力不集中、贪玩。当李白听了老奶奶的一席话之后，犹如醍醐灌顶一般，认识到学习只要坚持，总有一天会成功。可见，孩子教育与周围的环境关系密切相关。一些家长为了让自己的孩子成才，也会认识到环境的影响，但是，并没有考虑到孩子是否接受。

家庭环境的教育作用在于潜移默化，可是家长认为孩子需要多教导，于是教育变成了唠叨。在这种唠叨说教的家庭氛围中，孩子就会感到很厌烦。特别是在孩子写作业的时候，家长怕孩子偷懒会守在一旁，看到孩子功课做错了一点儿就急于指出来，并厉声训斥，甚至会有暴力行为。孩子在恐惧中学习，大脑就不会积极思考，而且思维被扰乱了，不利于孩子的学习。

学习要有计划才能提高效率。很多家长都能够认识到这一点。但是，家长在给孩子制定学习计划的时候，没有切合实际，而是将孩子的学习时间安排得满满的，让孩子不得闲，就必然会产生有始无终的结果。

指导方法：

在对孩子进行培养中，就要将孩子的主体作用体现出来。家长用心为孩子创造主动学习的气氛，指导孩子根据自己知识需要自主安排学习和玩耍的时间，对培养孩子的学习主动性非常有帮助。在对孩子讲道理的时候，不可以用过于严厉的语言，要做到长话短说，而且从孩子的兴趣出发进行讲解，让孩子感到自己是在平和、安全的家庭气氛中得到鼓励和支持，孩子的独立人格在这样的环境下才会被培养起来。

学习的过程就是思考和钻研的过程。家长要细心观察孩子的学习态度和学习动向，从孩子兴趣出发引导他们学习，让他们发现学习是件轻松快乐的事情。在此基础上，家长就可以引导孩子探索知识，通过相互讨论的方式研究知识，孩子探索知识的自主参与意识就会增强，获取知识的能力也会增强。现在的学习工具很多，学习途径也很多，家长要帮助学生开发这些途径，比如，让孩子去图书馆、观看网络上的教学课件学习，也可以来到大自然中探索知识的奥秘。这些方式都可以让孩子的身心放松，鼓励孩子面对新知识的时候要多思多问，多角度地分析问题，有助于培养孩子的知识创造能力和求异思维能力。在对孩子进行辅导的时候，家长要与孩子建立平等关系，采用相互学习的方式激发孩子的学习兴趣，用启发的方式进行指导，让孩子对知识有所感悟、领会，进而理解、掌握。对孩子的进步表现要及时表扬、肯定和鼓励，这样可以提高孩子对学习的自信心。

第 5 章 学习态度能让孩子的未来走得更远

培养孩子学习的持久力

细节一：给孩子讲励志的故事

最近孩子总是抱怨老师教得不好，不喜欢听老师讲课，学习成绩也出现了下降的趋势。一天，孩子写完作业后，爸爸说："小伟，写完作业了，爸爸讲故事给你听好不好。"

孩子一听爸爸要讲故事了，就高兴地跑过来说："好呀。"

爸爸说："故事的主角是个农村孩子，读书非常不容易，考上大学了却交不起学费，他的爸爸便为他四处借钱。"

孩子说："借钱是要还的呀，没有钱，怎么还呢？"

爸爸说："他是个聪明的孩子，很有办法，我讲给你听。这是一个山里的孩子，爸爸四处借了4500元钱给他读大学。学杂费4100元，剩下的400元钱中，还要买车票，余下的才是一个学期的生活费。"

孩子听爸爸讲到这，说："这么点儿钱怎么生活呀？"

爸爸说："听我往下讲。"

他看到学校有送外卖服务的，就参与到这个队伍中，课余时间就给学校里的学生送外卖，校内送一份是一元钱，校外1千米之内送一份是2元钱。现在很多的学生

都喜欢在宿舍里“蜗居”，这个孩子就帮助他们跑腿赚点儿辛苦钱。因为送的速度快，服务也好，大家都愿意找他，有的时候还会多给点儿服务费。可是，这个孩子坚持自己的原则，不会多收同学的一分钱。因为服务有效率、讲信誉，生意做得很好。

一天，外面下着大雨，一个女孩子没有带伞困在图书馆回不去了，这个孩子就冒着雨将雨伞送到女孩子的手中。

一个学期就这样过去了。这个孩子放假了回到家中，爸爸还在为他的学费犯愁。他从兜里拿出1000元钱给爸爸做生活费，说：“我自己用能奔跑的双腿赚钱了。”

小伟听得很入神，问：“后来呢？”

爸爸用手轻轻地拍了拍儿子的头，说：“后来呀，他的生意越做越大，买了台电脑，开始用网络提供各种代理服务，逐渐成为校园的总代理。”

故事讲完了。爸爸对小伟说：“你看看，只要勤奋努力，没有什么困难是无法克服的。学习也是一样，需要自己努力，抱怨别人是自暴自弃的表现。”

小伟点点头，说：“爸爸，我知道了。”

案例中的小伟学习懈怠，还抱怨老师教得不好。爸爸并没有责备孩子，而是在孩子功课之余用讲励志故事的方式引导孩子，让孩子知道只要有心、勤劳，就能克服各种困难。家庭经济困难，就要想办法改变现状，比别人付出更多才能获得自己所需要的。

爸爸给小伟讲这个故事，就是告诉小伟，任何的抱怨都是滋生厌倦情绪的借口。作为家长，要仔细观察孩子产生这种厌倦心理的原因，用讲励志故事的方式启发孩子的思考，让孩子自己领悟其中的道理，激发其自主学习的愿望。

如果家长看到孩子对学习产生了厌倦情绪，就要直接督促孩子好好学习，即便孩子听家长的话开始用功学习了，也难以做到持之以恒。让孩子认识到学习是自己的事情，学习不好是自己的问题，帮助孩子分析励志故事中的情节，让孩子知道勤奋、动脑就可以提高成绩，将孩子的学习动机重新唤起。

指导方法：

作为家长要认识到人性都是相通的，现在的孩子和以前的孩子没有什么不一样。之所以在教育孩子方面出现问题，是由于家长的教育方法不当。用讲励志故事的方法教育孩子，就要让孩子在听故事的过程中受到感染，家长讲故事的时候，要强调其中的重点内容，让故事听起来生动有趣，孩子能被故事的内容深深吸引。发人深省的故事对孩子可以起到督促的作用，便能达到教育引导的目的。

孩子都有自己的愿望，都会说："我长大了要当……"。这个时候，家长给孩子讲相关内容的故事，告诉孩子，要实现自己的愿望，就要持之以恒，三心二意是很难成功的。如果目标确定下来，就要用心去做，为了完成自己的目标，即便是辛苦一点儿也是很值得的。

细节二：在孩子身边树立学习榜样

班级里有个比较调皮的男同学，学习很好，就是喜欢在老师讲课的时候突发奇想地问一些与教学内容关系不大的问题，比如，英语老师在讲有关动物的英语单词的时候，老师说："giraffe是'长颈鹿'的意思。"这位男同学就会问："老师，长颈鹿的脖子为什么能打结？"

英语老师很尴尬，心想："长颈鹿的脖子怎么能打结呢？"

就这样，英语教学受到了影响。下课了，英语老师把这位男同学叫到前面，问："长颈鹿的脖子为什么能打结？"

男同学说："因为生病了。我是在《长颈鹿的脖子打了个结》这个本书中看到的。"

老师说：“可是，这个问题与英语教学关系不大呀。”

男同学说：“妈妈说，有问题一定要问老师。”

老师说：“妈妈说得没有错，有问题要问老师。可是，最好是在课下问，就不会影响其他的同学了，对不对？”

此后，这位男同学的小脑袋里总是装着各种各样奇怪的问题，但是会在下课的时候问老师，与老师讨论的时候他很开心。老师在全班同学面前表扬了这位男同学，因为他能及时地改正自己的错误，希望全班的同学都向这位男生学习。

从那以后，班级中就形成了及时改错的风气。同学们对自己作业中的错误要及时改正，第二天交作业的时候，就将改正的内容也交上来。对于这部分学生，老师给予了点名表扬。

表扬不仅是对学生努力改正错误的鼓励和支持，也是在告诉其他的同学要以这名同学为榜样，向这名同学学习。

班级里有一名叫东阳的学生，学习成绩中等，在最近几次的考试中竟然名列前茅了。很多学生对东阳的学习进步之快表示吃惊。经过经验交流之后，得知东阳不仅学习努力了，而且对错误的作业题和考试题都能及时改正，并多做类似的练习题。同学们看到东阳学习进步了，就学着东阳的学习方法。

榜样的力量是无穷的。给孩子树立榜样可以让孩子知道自己在学习上与别人之间的差距，就会努力追赶，学习便会更有动力了。

孩子的模仿能力非常强，身边的人和事都很容易被孩子吸收。所以，在孩子身边树立学习典型是很重要的。案例中的老师采用了表扬同学的方法在学生中间树立榜样，很多学生就会认识到学习的榜样并不遥远，就在自己身边，为了不落后于人，就要学习典型的优点，纠正自己的不当行为，这样便能形成良好的班级氛围。家长对孩子的教育也可以采用这种方式，告诉孩子如何做是正确的，正确的做法可以让孩子更好地完成学习任务，自主学习的习惯就会逐渐形成。

指导方法：

在孩子的同学中间树立典型的榜样。孩子每天都和同学在一起学习，当学习的榜样被树立起来之后，孩子在日常生活中会观察典型，刻意地学习别人的优点。

在孩子的玩伴中树立榜样，引导孩子在道德品质上不断完善自己。家长要时长将玩伴的优缺点说给孩子听，让孩子认识到哪些行为是需要学习的，哪些是需要避免的，做到扬长避短。

家长是孩子效仿的对象，对孩子的影响是不可小觑的。家长在平时都要注意自己一言一行，对别人的帮助要经常说“谢谢”，事情做错了就要承担责任，与邻里之间要和睦相处，出游时要遵守公共规则，这样便能对孩子进行潜移默化的教育。

张弛有度，孩子爱上学习

细节一：适当分散孩子的学习注意力

有一位非常著名的科学家，每天忙于科研工作。为了便于研究，他的书桌前总是堆着一堆草稿纸，算呀算呀，都没有时间抬头看看窗外的风景。大脑时刻处于紧张的工作状态，一刻都不得停歇，即便是睡眠也难以让大脑疲劳缓解。

终于，这位科学家走出了他的书房，走到户外，感觉外面的空气格外清新。路边有园林工人在给树木剪枝，一些长得很粗的树枝被锯了下来。科学家将一些树枝捡回来放在院子里，像园林工人一样修剪这些树枝。他用小斧头砍树枝，将细小的枝条都砍下去了，之后就将树枝的主干砍成一块块的。就这样，科学家砍了一堆的木头，感觉心里很痛快。

一名朋友来拜访，看见科学家正乐此不疲地砍木头，就对科学家说："我可以找个工人做这些事情，还可以借个电锯，干得快，你也不必累成这样。你是科学家，需要做的是科学研究的工作。"

科学家笑着："我的头都开始晕了，再研究下去，大脑都要炸开了。我需要分散注意力，让自己充分放松，在疲惫不堪的情况下进行演算也不会有效率。"

案例中的科学家每天从事研究工作是非常疲备的。终于有一天他感到大脑需要休息了，就开始体力劳动，让大脑放松一下。在休息中做一些有意义的事情，不仅可以让大脑放松，还可以让学习生活更为丰富而充实。

孩子每天学习，就不可避免地产生厌学的情绪。为了让孩子更好地投入学习中，就要帮助孩子转换情绪，适当地休息是比较有效的方法。在孩子不愿意外出玩耍时，最好是给孩子分配一些杂事，比如，拖地、给花浇水、洗衣服、出去买东西等等。孩子在干这些家务活的时候，就会暂时忘却学习，紧张的学习心情经过转换之后就得到了舒缓，学习动机就会被重新唤起。

指导方法：

帮助孩子合理安排休息时间。一些家长会将孩子的假期作为“充电”的时间，给孩子报各种辅导班，让孩子提前学习知识。结果，孩子的假期比上学还累。假期是为了让孩子缓解学习的压力，自我释放。所以，家长要为孩子合理安排休息时间，可以带孩子出去郊游、参加社会活动等等，让孩子亲近大自然，参与到公益事业中。孩子在接触社会的过程中，学到在学校中无法学到的知识，对扩展孩子的知识面非常有帮助。

现在流行文化旅游。家长可以抽时间带孩子旅游，诸如探访历史名城、名人故居、博物馆等等，让孩子在游览中学习文化知识。所谓“读万卷书不如行万里路”，出去走走不仅可以散心，也是对课堂上知识的最好补充。

细节二：带领孩子运动

美国有一所中学启动了运动计划，就是在上课之前让学生出去运动，直到学生的心跳为最高值的70%的时候，才可以进入到教室中上课。当时很多学生家长都表

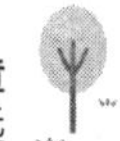

示反对，认为孩子由于运动导致劳累，会在课堂上打瞌睡。但是，学校坚持这样做，而且请家长到学校参与学生的运动。结果家长发现，孩子们上课不仅没有困，反而头脑更加清醒，听课的注意力更为集中，记忆力也明显提高，课堂氛围非常好。家长参与运动之后，自己都感到精神百倍。

为了更好地验证运动对学习的促进作用，这所学校还组织了一次实验，将学生普遍不喜欢的数学分别安排在上午的第二节课和下午的最后一节课。经过一段时间后，就会发现在上午的数学课上，学生的学习质量比较高。这些学生对阅读文章的理解能力也有所增强。学校学生的违规行为减少了，并且全校体重超重的学生不超过3%，而全美国的青少年中，体重超重的人数占有率已经超过30%。

这个实验结果让孩子的父母认识到运动对孩子的帮助是非常大的，对于学校的运动计划不再是反对的态度了，而是让孩子早点儿到学校参加体育运动。目前，美国已经有很多学校启动这项运动计划。

案例中体现了运动能提高孩子的学习能力。从科学的角度而言，当人处于运动状态的时候，就会有多巴胺产生，人就会感觉到兴奋，心情变得愉快，这就是为什么学生在运动后会开心的原因。学生在运动的过程中也会增加血清素，提高记忆力，保障学习质量。所以，学生适当运动后可以心情愉快地参与到学习活动中，课堂上注意力更为集中，而且学习效率显著提高。

很多家长认为孩子参加体育运动是浪费时间，通常是让孩子利用课余时间补习英语、数学等课程。事实上，2000多年前的希腊人就已经认识到体育运动的重要性。所有不足16岁的孩子都要参与到体育运动中，提高他们的身体素质。身体健康了，知识才有用武之地。所以，要提高孩子的学习能力，培养孩子自主学习力，不妨给孩子多一些的运动时间，用运动的方式缓解紧张的情绪，孩子的学习效率就会提高。

指导方法：

让孩子自觉进行体育运动，自己就要先动起来。父母要将运动作为日常生活中的一项重要内容，孩子从父母这里学到了各种运动方式，就会在课余时间从事体育活动。不同成长阶段的孩子，需要采用适合于这个年龄段的运动方式。这不仅有利于孩子的身体发育，还能促进孩子健康成长。

体育运动可以以多种形式展开，包括参加体育比赛，与孩子一起玩耍等等，这会让运动变得更有乐趣，吸引更多的孩子参与其中。

孩子每天体育运动的时间以一个小时为宜，步行上学也是非常好的锻炼形式，家长可以对孩子的运动进行简单的指导。同时，注意提高运动的趣味性，引导孩子每天坚持运动。孩子在运动中便会接触到各种新鲜的事物，也会学习到更有价值的知识。

掌握学习方法，让孩子少走“弯路”

细节一：让孩子列功课计划表

寒假期间，每天早晨昊昊的妈妈都会给他安排一些作业，昊昊非常不情愿，有的时候还装病，希望妈妈安排的作业少一点儿。事实上，妈妈每天留的作业并不多，如果认真一些，一个多小时就可以做完了。可是，昊昊还是觉得妈妈的作业是负担，有的时候妈妈晚上下班回来了，昊昊的作业还是没有做完，便会以各种理由为借口。周末，妈妈和昊昊进行了一次谈话。

妈妈说：“我每天安排的作业你不喜欢做，妈妈是知道的。从明天开始，你自己列功课表好吗？自己给自己制定学习计划，妈妈只提建议，不会干涉你的学习活动。每个周五的晚上我都会检查你的作业量和学习质量。如果你的自主学习效果良好，以后你的时间可以自主安排，如果学习效果不好，你的学习时间还是由我来安排。”

昊昊很有兴致，开始认真地列下个星期的功课表。

周一妈妈上班了，中午给家里打电话，奶奶说：“上午昊昊写了一会儿作业，现在正午睡呢。”

下午两点多妈妈又打了一次电话，奶奶说：“昊昊看电视呢，刚刚督促他写作业了，他说妈妈让他自主安排时间，3点开始做功课。”晚上回家，妈妈没有露出不满意的情绪，昊昊在一旁偷偷观察妈妈的脸色，当看妈妈的脸色没有什么变化，就又开心起来。

周三，昊昊的好朋友来家里玩，昊昊这一天玩得很开心，忘了写作业了。妈妈很生气，但是仍然保持平静。周四，昊昊好像认识到自己错了，就用了一上午的时间将周三的作业写完了，午饭后也没有午睡或看电视，抓紧时间写好了当天的作业。晚上妈妈回家，昊昊还向妈妈邀功，希望得到妈妈的表扬。周五，昊昊按照功课表上的计划去学习。晚上妈妈回来，吃过晚饭，按照他们的约定妈妈开始审查昊昊一个星期的功课表执行情况和学习效果。

妈妈说："你周三没有按照功课表学习，就需要接受惩罚，这个周末的游泳取消了。记住，每天需要做的事情都要按照计划完成，当天的事情不能拖到第二天，即便是有你非常喜欢玩的游戏，也要把该做的事情做好后才可以玩。"

孩子都非常喜欢放假，因为放假可以自由支配时间了。孩子的假期对于家长而言都是一种烦恼，不知道该如何安排孩子的学习时间。案例中的妈妈让孩子自主列功课表，让孩子自主安排时间，目的是让孩子知道制定的计划就要执行，懂得学习和玩耍哪一个是更重要的。

孩子都喜欢玩，而且玩的时候会忘了一切。家长对此不需要干涉，但是要督促孩子，即便是非常喜欢玩耍，也要按照计划完成学习任务之后才可以玩。学习是责任，需要自主承担；玩是放松，为了更好地学习。

让孩子列功课表，可以培养孩子自主学习的能力，家长的监督指导作用也是非常重要的。

指导方法：

让孩子列功课表，就是让孩子自主安排学习时间，家长需要为孩子创设良好的

学习环境，让孩子有自主学习的空间，即便孩子没有按照功课表执行学习任务，也不可以干涉；而是要让孩子知道什么是重要的，功课表是自己列的，就需要认真执行，这是责任。

家长与孩子之间要建立平等关系，注重与孩子情感交流。家长的语言要亲切温柔，即便对孩子的行为不满意，也不可以表现出来，而要通过与孩子交流的方式解决。让孩子自主制定功课表就是为孩子提供独立学习的机会，让孩子主动地参与到学习活动中，而不是被动学习。

孩子都有贪玩的心理，即便是自己列的功课表，严格执行下去也是很难的。家长要知道让孩子主动地学习是一个循序渐进的过程，只要注意正确指导，鼓励孩子克服散漫的学习心态，就会提高孩子的自主学习能力。

细节二：让孩子擅长做功课

东东的月考没有考好，老师告诉东东的父母近段时间要对东东的学习严抓，要求父母在家里也要注意监督孩子的学习。东东的座位被调到了第一排，每天都被老师盯着学习，一刻不敢怠慢。回到家里就好像卸下负担了一样，开始放松了，而且还表现出不满的情绪。

妈妈说："老师这么做是为你好，你的考试成绩落后了，老师就要知道你成绩落后的原因是什么。"

无论说什么，东东都听不进去。东东很喜欢看篮球，就自己跑去打开电视开始看篮球了。

突然，东东问妈妈："怎么样才能做一名篮球明星呢？"

妈妈说："篮球明星并不是天才，他们的努力是常人难以想象的，所以才会获得非凡的成就。"

东东说："艰苦训练就可以吗？我每天学习都很累，他们岂不是更累吗？"

妈妈说："篮球训练也有很多方法呀，掌握了方法，就可以获得事半功倍的效果。任何一名篮球运动员都不是全能，对不对？他们都有自己擅长的技术。累了的时候就练习自己擅长的技术，越练越好，就会让自己更有信心。"

东东大声地说："妈妈，我喜欢数学，可是非常不喜欢英语，所以，英语成绩不好。"

妈妈笑了，因为妈妈知道孩子考试成绩下降的原因了，就告诉东东说："英语也是主要的科目呀。当你学习英语累了的时候，就可以做一些数学题，将数学学习的优点发挥出来。当对学习产生积极意识的时候，就开始学习英语，这样是不是可以让学习的心情得到调整？"

东东高兴了起来。东东非常喜欢数学，数学方面的问题都能激起他的好奇心。做数学题之后再学习英语，就可以充分利用孩子的兴趣能量，做到触类旁通。

案例中，孩子的妈妈就是以孩子的体育兴趣作为突破口，帮助孩子找到适合他的学习方法。

体育运动员在训练中都有适合自己的方法，较为常用的方法就是在自己遇到挫折，进入到训练低谷的时候，将自己的技能优势发挥出来。通过努力练习自己擅长的技术，从中获得信心。

对于孩子的学习也不妨用这种方法，让孩子在厌学的时候做自己擅长的功课，让孩子对自己的优势充分了解。即便没有人吩咐，孩子也会积极地投入到自己擅长的功课中。

东东喜欢数学，妈妈就让东东在学习英语之前做数学，当对学习产生兴趣之后再学习英语，可以让孩子学习英语的潜力更好地发挥出来。

指导方法：

当孩子对学习持有消极态度的时候，不要对孩子产生反感情绪，而是要认真倾

听孩子说话，分析其中与孩子的学习存在关联性的内容。将可利用的内容延伸到孩子的学习中，引导孩子说出厌恶学习的原因以及自己的优势，家长就可以表达自己的观点，为孩子的学习提供可行性建议。孩子的自尊心被树立起来，就会积极思考、认真对待自己的学习。

家长在与孩子沟通的时候要注意细节。孩子对学习产生厌烦的情绪，就是由于孩子的消极情绪处于饱和状态，感觉不到学习的效果。虽然想提高学习成绩，但是，繁杂的课程让自己的内心对学习有所排斥，就不能主动地做功课。要重拾孩子学习的信心，可以让孩子做一些自己感兴趣的事情，比如，听音乐、看球赛等等，帮助孩子调整学习心态。心情调整好了，责任心提升，自然就主动地做功课了，而且学习的时候心情会很愉快。

适当的鼓励调整孩子的学习心态

细节一：利用孩子的个性特点激励其学习

柳柳是个很内向的孩子，对于家里的各种事情无论是否与自己有关，都不会发表见解，在学校也是如此。柳柳的老师告诉家长，这个孩子的性格有些孤僻，无法让人知道她的心里想的是什么，需要改变一下，否则会影响其健康成长的。

柳柳的父母也认识到这一点，特别是孩子上学之后，处事就更加胆小、拘谨了，家里来客人不知道打招呼，班级里的集体活动也不喜欢参加。

这一天休息，妈妈对柳柳说："今天要去超市，和妈妈一块去吧，需要买的东西比较多，你帮助妈妈照看东西。"柳柳没有像其他孩子一样的兴致勃勃，而是抬头看着妈妈，点了点头。来到超市里，妈妈就给柳柳看各种商品，让柳柳看价格，告诉她喜欢的商品就可以放到车里。

当柳柳主动拿起商品看的时候，妈妈就高兴地说："喜欢这个呀，妈妈买给你，看看是多少钱？"

柳柳看了看价格标签，告诉妈妈价格。妈妈问："是不是很贵？"

柳柳说："同学也有这个，好像比这个价格高。"

妈妈说："快放到车里，我们买了。"

该回家了，妈妈和柳柳站在收银台处排队，妈妈让柳柳先心算一下价钱，然后用自己的手机计算器核对一遍价钱。柳柳就认真地算起来，告诉妈妈价格总额。

回到家里，妈妈对柳柳说："把今天的购物经历写一篇小短文好不好？"

柳柳点点头。

当妈妈阅读柳柳写的小短文时，发现柳柳的思想是非常丰富的，一些妈妈没有注意到的细节在短文中都已经体现出来，而且还表达了自己的内心想法。对此，妈妈给予了柳柳表扬，特别夸赞了她的计算能力，将价格总额计算得快而且准确。

柳柳也显得很开心，告诉妈妈以后还要和妈妈一起购物。

妈妈说："好呀，你可以将购物的经历讲给同学们听，同学们也会很高兴的，有机会可以和同学们一起出去玩，一定很有趣。"

过了几天，老师给柳柳的妈妈打电话，说孩子最近有进步，能和周围的同学们主动聊天了，偶尔还会一块儿做游戏，学习上也会与同学交流。

家长每天忙于工作，还要料理各种家务，忽视了与孩子的交流，对孩子的了解甚至还没有老师多。每个孩子都有自己的个性特点，这是家长需要注意的，也是培养孩子自主学习过程中需要注意的问题。家长要激励孩子更好地学习，就要将孩子的个性特点充分利用起来。案例中，柳柳是个比较内向的孩子，不善于表达自己。这样的孩子往往内心世界都比较丰富，有自己的思想空间，家长就要与孩子多多参与活动，与孩子交流的话题，给孩子创造抒发情感的渠道。柳柳的妈妈就是通过购物的方式让孩子开口说话，共同讨论商品的价格，让孩子帮助自己做一些事情。人们在帮助他人的过程中就会产生存在感，让孩子发现自己的价值，就会变得自信。

家长让孩子将自己的购物经历用小短文的方式记录下来，从短文中就可以解读孩子的内心世界，家长还要给予必要的肯定和表扬，教会孩子如何与人交流。家长从孩子的性格特征出发，具有针对性地激励孩子，提高孩子的互动能力，引导孩子运用这种方式解决学习上的问题。

指导方法：

孩子养成良好的学习习惯需要家长的努力。让孩子参与到感兴趣的学习活动中是比较好的方法，但是学习活动无法激发孩子的兴趣，孩子就会分散注意力。所以，家长让孩子参加的学习活动要符合孩子的个性特点，吸引孩子的注意力，让孩子自主地参与到活动中，久而久之孩子便能自然养成良好的学习习惯。

家长要善于与孩子交流，用互动的方式指导孩子如何学习，对孩子的优点及时表扬，让孩子以优点为荣，在学习中合理利用，就可以提高学习效果。

家长与孩子共同学习是非常好的方法，家长可以尝试着效仿孩子的个性特点，与孩子共事，让孩子看到自己的个性在生活中会是什么角色，对自己的认识更加精确，就会为了实现学习目标积极主动地去调整自己的学习方法。让孩子对自己的学习自主选择，激发其自主思考，增强学习自信心，对他人的依赖心理也就消除了。

细节二：利用孩子的危机意识促进其学习

爱因斯坦在儿时是比较贪玩的，即便是父母再三劝告也无济于事。爱因斯坦16岁了，特别喜欢和朋友们钓鱼。这一天，父亲将准备去钓鱼的爱因斯坦叫住，问爱因斯坦："你的杰克叔叔和我一块清扫工厂的大烟囱了，发生了有趣的事情，想听听吗？"

爱因斯坦放下鱼竿，说："什么有趣的事情？"

父亲说："要爬上那个烟囱，需要踩着里边的钢筋踏梯一阶一阶地爬上去。你杰克大叔走在前面，我跟在他的后面。下来的时候，也是他走在前面，我跟后面。钻出烟囱之后，你杰克大叔的后背和脸上都是黑灰，我身上却一点儿也没有。"

爱因斯坦也觉得很有趣，问父亲："为什么会这样呢？是因为杰克大叔走在前面的缘故吗？"

父亲没有直接回答爱因斯塔的问题，继续讲他们的经历。

"我看见你杰克大叔的样子，心想，自己一定和他一样的脏，就走到小河边用河水把脸洗了洗，看见身上没有多少黑灰，就简单拍拍。你杰克大叔看见我的身上、脸上都比较干净，就以为和我一样干净呢就简单洗了洗手和我一块往回走。结果，街上的人看到他都大笑不已。"

爱因斯坦听了爸爸讲了清理烟囱的经历，确实有趣，也忍不住大笑起来。父亲很严肃地对爱因斯坦说："明白其中的道理吗？当你看到别人的时候，未必自己就是和别人一样的。别人也许是天才，可以每天玩耍也不会影响学习，但自己不是天才，就需要不断地努力，否则就会落为人后，成为别人的笑话。"

爱因斯坦听了，明白父亲是在告诉自己学习不能耍小聪明，不努力就会落后。

从那以后，爱心斯坦不去钓鱼了，把时间用在学习上了，他知道自己需要什么，开始对自己要实现的人生目标有了危机意识，也更明白了自己才是最可靠的人生向导。

孩子要学习好，就要端正学习态度。由于孩子的时间观念不强，难以抵抗周围环境中的各种诱惑。如果家长对孩子的学习没有管束，孩子就会失去时间观念，玩耍的时候没有节制，学习的时候情绪消极。所以，家长就要适当地让孩子产生危机感，让孩子认识到贪玩的代价就无法实现自己的人生目标，甚至落为人后、被人耻笑。

爱因斯坦的父亲就是这样教育孩子的，让他知道别人不能代替自己，自己也不能成为别人的样子，懂得用自己的努力超越身边的人，并不断超越自己。有了自己的人生目标，就要立即行动，抓紧人生的每一分每一秒去奋斗，虚度光阴将一事无成。让孩子树立危机意识，有助于养成良好的学习习惯。

指导方法：

让孩子对学习产生危机意识，家长看到孩子贪玩不学习时，就要立即制止孩子的不当行为，采取有效的教育措施让孩子端正学习态度。

家长将危机意识纳入到教育内容中，有助于培养孩子的危机意识，让孩子建立这种学习思维方式，督促自己勤奋学习，谨慎思考。孩子对自己的未来充满担忧，就必然会努力学习，进而将各种危机消除。

现在的很多孩子享受着良好的教育环境，家长为孩子的生活提供各种保障，让孩子有了不努力的理由。孩子满足于现状，缺乏危机意识，也不需要担忧未来，就会对学习产生惰性心理，这对孩子的成长是没有好处的。所以，家长要让孩子知道，不努力就会产生严重的后果，想得到的东西也会擦肩而过。让孩子的头脑中对危机产生条件反射，就会被激发学习的欲望，以正确的态度面对学习。

第 6 章 培养孩子的学习思维

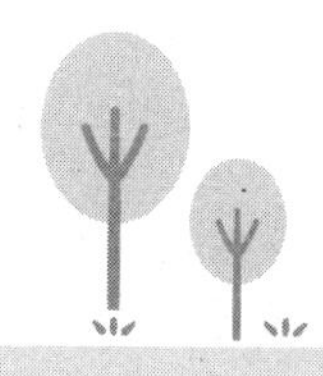

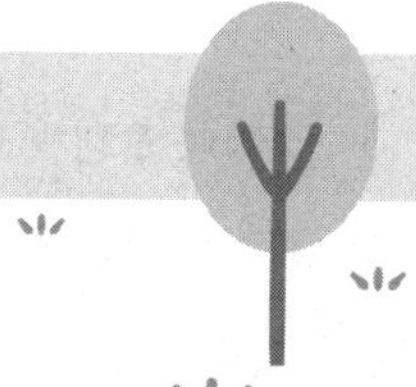

沟通由直接交流转向间接交流

细节一：采用文字的方式与孩子交流

张鹏超考到重点中学读书，父母都非常高兴。父亲是工程师，经常出差在外，妈妈是单位的会计，孩子基本上是由妈妈照顾。张鹏超第一个月的月考成绩非常不好，妈妈很烦恼。没过多久，班主任就打电话给张鹏超的妈妈，说："张鹏超学习不安心，课余时间就到学校附近的网吧上网，课上有些心不在焉的。"妈妈听了非常着急。孩子放学回到家，妈妈要和孩子谈一谈，可是，苦口婆心的话说了好多，张鹏超很不耐烦，也不觉得自己做错了，反而大声地对妈妈说："上小学的时候就整天听你唠叨，我上初中了，都长大了，还要听你唠叨，我很烦。"妈妈给在外地的父亲打电话，父亲赶回来后便和孩子大吵一顿，结果，孩子保持沉默，拒绝交流了。

父母都很担心，到学校与孩子的班主任沟通，看看怎么办好。班主任建议张鹏超的父母用微信消息的方式与孩子交流，说："虽然孩子每天都生活在父母身边，但是，父母都忙着自己的工作，孩子忙着学习，能交流的时间非常少。特别是孩子的父亲经常出差在外，不妨借用微信交流的方式与孩子进行思想交流，让孩子慢慢领会家长的想法。"

父亲回去后，就在微信上给鹏超写了一段长长的话发给他，之后又继续出差了。在消息中父亲先检讨自己，承认吵架是不对的，常年出差对孩子关心不够，请求鹏超原谅自己。父亲还在话语末尾表达希望收到孩子的回复，并期待用这种方式与儿子保持联络。

不久，父亲在外地就收到了鹏超的回复，说出了自己思想上的困惑，感到上初中后，学习跟不上老师的节奏，心理压力很大，有些迷茫。父亲了解鹏超心里的不安，在回复儿子的消息中表达了父母对他的期待，还安慰鹏超，学习上不要有那么大的压力，如果觉得学习吃力，父母可以买一些辅导资料或找辅导老师帮助他。学习中遇到不会的问题就主动请教老师，父母会和老师沟通，不用感到害怕，老师会耐心地为他解答。父亲的语言深情而含蓄，让鹏超感受到父母对自己的关爱。

就这样，张鹏超开始变得阳光起来，学习上也更有独立意识，有什么话也愿意与妈妈主动交流了，成绩逐渐提高了。

对孩子的教育用谈话的方式也许更为直接，但是在交流过程中容易产生冲动，使家长和孩子都不愉快。当家长非常生气的时候，讲话的节奏比较快，便会忽视孩子的面子，责备的话像开机关枪一样，孩子只会更多地关注家长的不良情绪，就难以接受家长的态度。孩子在不同的成长阶段会接触不同的环境，不同教育，对事物的看法也发生了变化。孩子的变化不能被父母所理解，长此以往孩子就会选择保持沉默，不愿意与父母交流。

采用文字的方式与孩子交流，在书写的过程中就会深思熟虑，将情绪组织成为顺畅的语言之后传达给对方，更容易让对方了解自己的思想意图。用文字的方式交流节奏比较慢，可以起到缓冲的作用，引导孩子向父母敞开心扉，与人交流更为坦率、乐观。这样的教育更为有效，还维护了孩子的健康情感。

多数孩子存在心理问题都不同程度地与父母与孩子的交流方式有关。父母与孩子的交流要及时，才能对孩子的心理变化更好地了解，发现孩子成长中存在的问题。采用文字交流的方式，可以使孩子感受到父母的关怀，认识到父母的做法是对自己爱的表现，就会从心理上产生安全感。

指导方法：

在家庭里，孩子是弱势群体，需要依赖于家长生存。家长要注意塑造平等民主的交流氛围，让孩子有提出自己想法的权利，因此采用文字交流是比较好的方法。用文字表达需要思考，感性的思维就变得理性化，语句便会更有逻辑性。孩子倾诉心声时用词准确，表达到位，家长就能够深入理解孩子。文字交流中，我们可以举例子、讲道理，为了表达明晰，还可以引用一些名言警句，阐述自己的观点，使交流更加融洽，还可以展示语言文字的魅力。用这种方式沟通还可以培养孩子的自尊，对孩子循循善诱，让孩子在家长面前敞开心灵的窗口，两代人的交流就不会出现隔膜。

青春期的孩子比较叛逆，自尊心非常强。用文字交流，会给孩子留有缓冲的时间，避免让孩子产生心理紧张感。在文字交流中，家长要将真实的想法传达给孩子，防止家长与孩子之间出现正面矛盾冲突。教育的主题要明确，能够相互之间感受到真情。文字交流让教育从情感交流的角度出发展开，家长可以感受到孩子的成长，孩子也可以感受到家长的改变。

用文字的方式与孩子交流，要随时收藏交流的文字，方便随时翻看，了解孩子的成长规律，进而总结教育经验，遇到雷同的问题可以使用曾经使用过的方法，让这些文字起到长久的教育作用。

细节二：给孩子提出学习建议

妞妞很喜欢看绘本图书，每天都会翻看，让妈妈给自己讲有关图画内容的知识。爸爸给妞妞买了一套关于昆虫的绘本，吃完早饭妈妈和妞妞一起翻看，讲这些昆虫的生活习性、长相特征等等，妞妞听着很入神。妈妈把绘本翻到瓢虫这一页，说：“看看，这种昆虫的名字叫‘七星瓢虫’，数一数它的身上是不是七颗星。”妞妞很乖，用胖胖的手指数了起来，还小声念叨着：“一颗、两颗、三颗……”当瓢虫身上的每一颗小点点都数到了，就高兴地大声说：“真的是七颗呀！”之后，她们又看了蜻蜓、小蜜蜂、蝴蝶等等，一共翻了10多张图片，妞妞安安静静地听着，还会不时地提出问题。时间过得很快，不知不觉半个小时过去了。

妈妈说，我们认识了这么多的昆虫，下楼去花园里看看能不能找到它们。妞妞的视线很不情愿地离开了绘本图片，说：“我还没听够了。”

妈妈说：“我们在花园里找一找这些昆虫，才知道书里的内容是不是正确的呀，眼见为实，对不对？我们为什么不去看看真实的昆虫到底长什么样呢？”

妈妈还引导妞妞说：“这些昆虫在花丛中飞来飞去很美的呀。”

妞妞的想象力非常丰富，被妈妈描绘的美丽的花园景象吸引住了，就忙着叫上爸爸一块儿到花园中看各种会飞的昆虫。

事实上，花园中未必会有这些昆虫。妈妈让妞妞去花园的目的是让她的视线从书本中移开，让眼睛休息休息。另外，孩子长时间地将注意力集中在一件事上，就会产生厌烦情绪，对绘本读物失去兴趣，必然会影响孩子的学习效果。

案例中，妈妈利用与孩子看绘本图片的方式与孩子互动，让孩子获得知识。但是，学习的同时也要注意休息，妈妈让妞妞休息的方式就是卜楼去花园里走走。妞妞将所有的注意力就专注于绘本，不愿意去花园，妈妈就以绘本图片的内容为基点，将绘本内容巧妙地转移到花园中，妞妞的思维也跟着转移了，而且还引起了妞妞的好奇心。采用这种方式可以让孩子接受自己的学习建议，让孩子从被动地服从转变为积极主动地行动，进入到新的学习环境中用不同的方式接受知识，孩子的心境转换了，还可以获得预期的教育效果。

在孩子的生活和学习中，要多给孩子选择的机会，家长提出的建议起到了引导作用。如果采用限制孩子行为的方法，比如："你如果去花园，是不是比看图片更好？"孩子就不知道了自己该怎么做了，对选择犹豫不决。案例中的妈妈就使用了要求性的意见，"我们在花园里找一找这些昆虫，才会知道书里的内容是不是正确的呀"，提议的内容具体，孩子就能很快领会家长的意图，小脑袋中就能构想出花园中昆虫的形象，自然会主动地跑向花园，满足自己的知识欲望。

指导方法：

孩子天性好动，喜欢探索，对未知的事物都会充满好奇心。家长要将孩子的这些性格特点充分利用起来，培养孩子的学习兴趣。比如，有的孩子喜欢破坏玩具，家长就要认识到孩子是想知道这些玩具是如何构成的，对孩子提出的各种问题家长都要认真回答。对于回答不上来的问题，就要直接告诉孩子自己不懂，弄明白了再告诉孩子，让孩子的智慧萌芽生长，激发孩子的求知欲。

在学习中，家长向孩子提供学习方法，不可以直接告知，而是要采用引导的方法，让孩子查阅工具书，根据自己的学习经验总结学习方法，家长予以必要的指导。比如，孩子不会写作文，家长可以让孩子将长文章缩写成短文，让孩子在缩写的过程中体会写文章的要理，还可以提高孩子的阅读能力和理解能力，孩子的创造性也得到了培养。

纠正孩子的不良习惯

细节一：明确哪些做法是错误的

一个小女孩趁着妈妈在厨房做饭的时候，就在妈妈卧室的衣服橱里面乱翻衣服。当妈妈进到卧室的时候，所有的衣服都已经被翻出来了，床上和地上都是，小女孩自己还躲到了衣服橱里面。

妈妈看见满屋的衣服，知道女儿一定是藏到衣服橱里面了，就自言自语道："这些衣服是不是嫌衣服橱里面太闷了，都跑出来透气了。"小女孩在衣服橱里面听了妈妈说的话，就捂着嘴偷偷笑起来。

妈妈看着这些衣服，就说："我们要吃饭了，你们透透气就都回到衣服橱里面吧，看着乱七八糟的。"说完，就又回到厨房准备饭菜去了。

小女孩一听要吃饭了，知道妈妈出去了，就从衣服橱里面出来，把衣服一件一件地送回衣橱里面了。当小女孩看见屋子里又恢复了整洁，就跑到厨房吃饭去了。

妈妈看见孩子出来吃饭了，没有提衣服的事情，告诉孩子吃完饭一起出去购物，明天是圣诞节了，需要准备点儿好吃的。

小女孩看着妈妈，试探地问："圣诞节是不是小孩子都有礼物呀？犯了错误的孩子会不会收到圣诞老人的礼物呢？"

妈妈说："会的。圣诞老人喜欢听话的孩子，也喜欢调皮的孩子。"

小女孩眼睛睁得大大的，说："圣诞老人是喜欢孩子吧，无论是好孩子，还是坏孩子都喜欢？"

妈妈说："是呀，圣诞老人喜欢所有的孩子。"

小女孩舒了口气，小声说："可以收到圣诞礼物了。"偷偷露出了笑脸。

妈妈知道孩子心里在想什么，没有对孩子予以否定，而是采用与衣服对话的方式告诉小女孩把衣服从衣服橱里拿出来丢到地上是错误的行为。这样做不仅不会让孩子产生自卑心理，而且还可以自觉地改正错误。

一些家长看到孩子把房间弄得乱糟糟的，就会指责孩子的错误，让孩子立即改正错误，不仅孩子不会听家长的话，还因此导致两代人的冲突。这位妈妈用了比较幽默的语言将自己的想法表达出来，使得交流氛围变得趣味化了，就避免了"战争"的爆发。

这就告诉我们，家长在与孩子交流的时候，要注意采用恰当的语言表达方式，用孩子可以接受的语言告诉孩子哪些做法是错误的。当孩子犯错误的时候，家长与孩子心平气和地交流，孩子不但不会产生抵触情绪，而且还愿意配合家长，孩子的错误便能及时纠正。

指导方法：

家长们在孩子成长的过程中，发现孩子错误的行为就要"及时确认"，让孩子认识到错误之后立即纠正，避免养成习惯而无法挽救。

家长要随时注意孩子，对孩子的不当行为要及时发现。对于孩子的错误要采用感化引导的方法让孩子改正，给孩子自我反省的时间，避免出现反抗意识而导致严重的后果。

让孩子多看好书，关心别人，培养孩子的道德修养，提高孩子的精神境界，让孩子具备良好的品性。

孩子有时做“坏事”是为了引起父母的注意力，即便是被家长批评也不介意。对孩子的错误，家长要持有包容的心态，跟孩子说：“没关系，慢慢来，就一定可以做好。”用鼓励的方式增强孩子的上进心，还要告诉孩子改正的方法，用自己的经验告诉孩子如何做是更好的。

细节二：孩子遇到挫折要鼓励

伊丽莎白在9岁的时候第一次参加体操比赛。她的身体修长，并有很好的柔韧性，体操表演充满了活力，虽然感觉有点儿小小的紧张，但她对自己的表演充满自信。当表演完毕后，她甚至想着在自己的房间中安排一个放奖牌的地方。

伊丽莎白是第一个出场表演自由体操的选手，表演得很好，获得一个很高的分数。可是，后面的几名体操选手上场表演后，得分比伊丽莎白还要高，伊丽莎白非常遗憾没能拿到奖牌，很伤心。

父亲看到伊丽莎白沮丧的样子，就告诉她：“你表演得非常好，但是，还没有好到可以赢得比赛的程度。”

之后，父亲又说：“伊丽莎白，你对自己的期望很高，这个我明白。你感到失落，是因为比赛的结果没有如你所期望的，但这恰恰说明你的努力还不够。那些运动员赢得了比赛，是因为她们比你还要刻苦，她们的训练时间更长，体操表演的技巧更为娴熟。你想要在比赛中获胜，就要自己努力争取，沮丧是没有用的。”

伊丽莎白抬起头来望着父亲。父亲接着说：“当然，如果体操仅仅是你的业余爱好，你练习体操就是为了给自己的生活增添乐趣，就不需要对获奖那么在意。如果要成为一名职业体操运动员，期待在比赛中脱颖而出，就要付出努力。”

伊丽莎白接受了父亲的鼓励后，便积极地投入到体操训练中，特别是体操动作中的弱项，她一遍又一遍地练习，让自己的体操动作更为完美。

伊丽莎白又参加体操比赛了，这一次伊丽莎白获得了5个奖项，成为本次比赛的总冠军。在随后的比赛中，伊丽莎白再也没有空手而归，房间的墙壁上挂满了各种奖牌。

伊丽莎白在第一次体操比赛中就遇到了挫折。父亲告诉她，表演得很好，但是与其他的运动员相比还有所欠缺。父亲将自己的真实想法告诉了伊丽莎白，让伊丽莎白知道，她之所以会失败，是因为自我感觉良好便沾沾自喜，没有意识到别人会更强。伊丽莎白要想在比赛中获胜，就要付出更多的努力。

伊丽莎白的父亲表达了对女儿的理解，对女儿在比赛中的表现也表示认可。但是，他告诉女儿，失败了，仅仅是失望和沮丧是不行的，而是要行动起来。

这个案例告诉我们，安于现状、不思进取只能滞留在失败的起点上。要成为人生的赢家，就要对自己的未来充满自信，要执着于自己的目标，勤奋努力。自觉主动地克服挫折，才能走上成功的道路。

指导方法：

心理学家认为，孩子在成长的过程中遇到挫折是寻常的。家长对受到挫折的孩子要适当地引导，让孩子坦然面对挫折，找回失去的自信，培养孩子的意志力。

孩子遇到挫折时需要家长的鼓励，需要获得公正的评价。家长要对孩子的表现持有认可的态度，帮助孩子稳定情绪后指出孩子的不足之处。家长要让孩子知道不足与错误不同，失败不意味着错误，要转败为胜，就要更加努力。

家长要告诉孩子，失败了没有关系，父母可以与孩子共同奋战。当孩子有些气馁的时候，家长就要告诉孩子，只要我们共同努力，就一定会战胜困难。当孩子获得成绩的时候，就要及时表扬，激发孩子积极向上的信念，直到获得成功。

对孩子的学习提出建设性意见

细节一：说出自己的学习心得

洪涛上小学六年级了，语文、数学都学得很不错，但英语是弱项。这个孩子非常不喜欢背英语单词，而学好英语就要掌握大量的单词量。

小学英语是基础科目，为了让洪涛学好英语，妈妈想了各种办法：让孩子去英语辅导班、单词速记班等等。妈妈对孩子的要求比较高，不仅让孩子学好英语，还要让他参加英国伦敦学院英语口语等级考试。这些考试对单词量都是有要求的。

孩子没有为了考试而集中背过英语单词。妈妈拿到考试大纲后，对孩子掌握的单词量初步测试，孩子仅仅掌握600单词量，距离规定的超过1000单词量差距悬殊。妈妈就让孩子每天都抓紧时间背单词。洪涛是个听话的孩子，每天都坚持背，但是效果并不明显。

为了让孩子的学习更有效果，妈妈就对洪涛每天背单词的情况进行了观察，发现孩子在背英语单词的时候，仅仅是看、背，不动手写。虽然很快就记住单词了，可是，忘得也快。晚上妈妈让洪涛听写单词，孩子会读，但写的时候就容易出错。让洪涛读课文，看见常用的单词就认识，发音也比较准确，但是在特定的语境中对单词的用法掌握不准确。

妈妈总结了洪涛的英语单词学习情况，洪涛没有掌握背英语单词方法。于是，妈妈就与儿子商量：“用现在的方法背英语单词效果不太好，要不要换个方法试试？给你介绍妈妈学习英语时的经验，妈妈的英语成绩可是不错的哟！”

洪涛看着妈妈自豪的表情，说：“好呀。”

妈妈说：“从今天开始，你每天不用背太多单词了，一天只背5个就可以了。我当年用的是‘五步循环法’，很有效。”

洪涛说：“一天就背5个单词，这么轻松就能增加单词量？”

妈妈说：“这个单词学习方法是我验证过的，相信我。第一天背5个单词，每个单词读5遍，边读边写，注意发音要准确；第二天再背5个新的单词，与前一天背过的5个单词一起读5遍，当天背的单词要边读边写；第三天继续背5个新的单词，与前两天背过的5个单词一起读5遍，当天背的单词要边读边写。”

洪涛说：“这样背不是每天越背越多？”

妈妈说：“对呀，但是这样重复记忆单词，印象就更深刻了，就不会背了新的忘了旧的。单词背得多了，便能掌握其中的规律了，当然也就越背越快。”

洪涛用妈妈介绍的方法背英语单词，果然奏效，而且自己还总结了单词构成的规律，掌握单词的速度就更快了。洪涛觉得学习英语单词不是件很枯燥的事情了，并且开始对英语学习产生了兴趣。

很多家长也许没有意识到，孩子不仅会效仿父母的言行举止，学习上也会受到父母的影响。事实上，我们每天都在不断地学习新知识，只不过所学习的不是书本的知识，而是关乎生活和工作方面的知识等等。家长摄取知识的时候，所采用的方法以及日常对待知识的态度都会被孩子效仿。孩子在学习上遇到困难，并不是孩子不够聪明，而是没有掌握正确的学习方法。家长可以将自己的学习经验介绍给孩子，让孩子尝试一下，对孩子学习行为中的不当之处及时指出来，帮助孩子纠正。孩子按照家长建议学习并获得良好的效果，就会产生成就感，对学习自然会产生兴趣。

指导方法：

针对孩子在学习中存在的不当之处，家长就要提出合理性建议。可是，要让孩子接受并落实到学习行为中，家长说一说自己的学习心得，才更能让孩子信服。

家长在给孩子提建议之前要尊重孩子的选择，即便孩子的选择是不正确的，也要予以肯定，告诉孩子方法错了没关系，可以慢慢调整，学习成绩提高了，就说明学习方法奏效了。

家长为孩子提出学习建议要采用沟通的方式，与孩子用商量的口吻交流，鼓励孩子勇于尝试新的方法，配合自己学习的经验谈，孩子通常是会采纳的。

细节二：要求孩子按时完成学习任务

圆圆一年级学习很好，还被评为“三好学生”。圆圆二年级了，由于父母工作调动，圆圆便转到了新学校。圆圆自从转到新学校，学习就不再积极努力了。圆圆的老师多次给家长打电话，说孩子到了新的学习环境不太适应是可以理解的，需要家长配合调整孩子的学习状态，否则孩子的学习就要跟不上教学进度了。圆圆的父母也积极地与老师交流，说：“圆圆在一年级的时候学习不是这样的，非常喜欢学习，并且考试的成绩优异。可是，为什么变化会这么大呢？”老师说：“一年级的孩子对学校还是比较有新鲜感，很多的课程幼儿园都学过，对学习也就充满自信，愿意学习。到二年级了，孩子的这种新鲜感消失了，而且课程的难度加大，毕竟小学是规范的教育，与幼儿园有所不同，孩子的学习习惯还没有转换过来。因此家长需要重视孩子的学习情况，对孩子的学习行为要严格管理，让孩子养成良好的学习习惯。”

圆圆的父母平时工作都比较忙，晚上回家还要忙家务，几乎没有时间管孩子的学习，无非就是过问一下孩子“作业写完了吗？考试得了多少分呀？”，将孩子的教育推给了老师，自己没有参与到孩子的学习活动中。家长的这种过分依赖老师的行为，就会让孩子在学校很守规矩，回到家里就放纵自我，学习任务也不会按时按成。

圆圆回到家里，将书包放到一边就出去玩，吃完晚饭还要看电视，写作业的时候也是边玩边写，边看电视边写作业，边吃东西边写作业，边玩玩具边写作业等等。往往是别人都已经休息了，他的作业还没有写完。对孩子的这种学习散漫的态度，父母常常督促，却不奏效，也因此破坏了家庭氛围。

孔子曰："少成若天性，习惯如自然。"习惯是从小养成的，也是成功的基础。孩子接受优质的教育，就是要养成良好的学习习惯。

圆圆写作业拖拉，并不是两三天的督促就可以解决的。家长要分析孩子形成这种不良学习行为的原因。其实这样的孩子也是希望好好学习的，但是落实到学习行为中，没有父母和老师的监督，禁不起周围环境的诱惑，就不愿意学习了。

圆圆的父母对孩子的学习状况很担忧，与教师进行了沟通，但是管理方法不对，圆圆的学习状况没有起色。

孩子学习散漫，就是学习没有规划的原因。鲁迅在小的时候学习就给自己立下规矩，做任何的时候都不迟到，说到的事情一定要做到。"没有规矩，不成方圆"，圆圆在学习上没有约束力，没有制定合理的学习计划。这样便会影响学习质量，学习效率也不高。

指导方法：

家长帮助孩子制定学习计划，学习的时间和每个时间段的学习内容都要明确，要求孩子按照计划学习。

针对孩子学习拖拉的问题，家长要为孩子营造良好的学习氛围，让孩子在家里有安静学习的空间。孩子写作业的时候，家长也可以找本书看，或者与孩子共同学习。

孩子在学习之前，家长要了解孩子学习的时间和需要完成的学习任务。当孩子一个阶段的学习任务完成后，家长要对孩子的学习效果进行审查，检查孩子的作业。

孩子当天的学习任务完成后，家长要让孩子对其明天的作业量做出估算，掌握学习的量，评估学习时间的合理性。

当孩子学习效率比较高的时候，比如，一个小时的学习任务用40分钟的时间就完成了，剩下20分钟的时间就可以让孩子自主支配。如果学习任务没有按时完成，就要给予其必要的惩罚，取消周末的活动，还要把没完成的学习任务完成。

换个环境让学习充满新鲜感

细节一：随处学习

深秋季节，天气转凉了，小雪的妈妈建议孩子睡觉之前泡泡脚。

小雪高兴极了，就自己跑到厨房搬过来一个小凳，做好泡脚的准备。只见妈妈端过来泡脚桶，里面装着热水。小雪把胖胖的小脚泡进水里，热乎乎的，好舒服呀。过了一会儿，妈妈调震动了，还给水适当地加温。小雪觉得泡脚很好玩。

妈妈把小雪的语文书拿过来，说："我们玩组词、造句游戏好不好？看看谁组的词多。组词多的人随意选个词，让组词少的人用这个词造句。"

小雪似乎不太懂，不过也答应和妈妈玩这个游戏了。小雪说："妈妈示范一下吧。"

妈妈很爽快地答应了。妈妈从语文课本中找出一个字"林"，两个人就开始用这个字组词。妈妈组的词少，小雪就选出一个词，妈妈用这个词造句。

游戏的规则听起来很烦琐，操作起来却很简单。小雪和妈妈就开始组词、造句游戏了。小雪每说出一个词、造一个句，都能获得妈妈的表扬。

很快，20分钟的泡脚时间结束了，妈妈和小雪的游戏告一段落。小雪还有些意犹未尽，和妈妈约好明天还要在泡脚的时候玩游戏。

学习并不需要固定的场所，知识随处都有，学习也可以随处进行。小雪在泡脚的时候，妈妈就利用这个时间将学习游戏化，孩子玩得很开心，还学到了知识。

孩子的学习如果总是采用固定的模式，就会产生疲劳感，学习的环境总也不变，久而久之也会对学习产生厌烦的情绪。将孩子学习的环境适当地改变，充分利用各种条件安排孩子的学习，让学习不再成为任务，学起来不仅会变得轻松自在，还激发了孩子的学习兴趣。

家长引导孩子在各种环境中学习，也是在培养孩子在不同场所学习的能力，让孩子在不同的环境中善于创造条件学习，利用各种资源学习，采用相应的学习方法，就会让学习充满乐趣。

指导方法：

孩子基本都是在书房或者卧室学习，长期在这样的环境中读书不免心生厌倦。经常变化学习环境，比如夏天的时候让孩子到凉台上读书，到小区的树荫下找一个安静的地方读书，让孩子对学习环境产生新鲜感，学习就不会感到劳累，学习效率也会提高。

孩子很少接触社会，社会经验少，对社会现象的辨别能力非常弱。家长要带领孩子多接触户外环境，分析各种社会现象给孩子听，引导孩子用正确的衡量标准对社会现象做出判断，让孩子知道什么是好的，什么是坏的。对于社会上存在的不良行为，家长要教育孩子，让孩子知道这些行为会产生严重的后果，养成三思而后行的好习惯。

细节二：有条理地学习

玛丽已经10岁了。星期天，玛丽起得很早，吃过早餐就要出去玩。妈妈让她把自己的房间收拾好之后再可以出去玩。玛丽心里很不情愿，但也很听话，噘着小嘴走向自己的房间。玛丽站在房间的门口看着里面到处乱放的东西，娃娃堆放在衣柜旁，地上随处是各种杂物，床上放着早晨换下来的衣服，被子也没有叠好，书架上的书胡乱地堆放着，鞋在地上也是东倒西歪的。玛丽走进房间的时候，还被自己的鞋绊了一下，差一点儿摔倒。衣橱的门是开着的，一些衣服已经从衣架上滑落了下来，堆在了衣橱的底部，其中有一条裙子还是玛丽非常喜欢的，准备今天上学穿的，可是怎么也找不到。

玛丽看着自己的房间，不知道从哪儿开始收拾。她把娃娃都捡起来放在柜子里，该换洗的衣服都堆放在门口，还没有穿过的衣服一件一件地放进衣橱里。她突然想起来，明天要参加同学的生日会呢，还要送给过生日的同学一个玩具，于是，就开始在衣柜里找衣服，一件又一件的衣服又都被扔了出来。衣服挑选好了，正准备挑选玩具的时候，一抬头，看见妈妈站在旁边。

妈妈说："已经快到中午了，你怎么还没有收拾好房间？"妈妈把衣服都规规矩矩地放到了衣橱里，玩具放到了玩具架上，把书架上的书整理好。当妈妈把放在地上的书捡起来的时候，玛丽看到地上还有一本自己没有看完的书，里面还夹着书签，就捡了起来，对妈妈说："妈妈，求求你了，我就看一章，然后再收拾好吗？这么多的活，好长时间也干不完的。"

妈妈对这个孩子无可奈何，玛丽做事情不专注，如果妈妈不盯着，就会一件事没干完，就去做其他的事情了。玛丽的学习成绩中等，老师说："玛丽有丰富的想象力，数学尤其好，非常聪明。但是，这个孩子的自我约束力不够，上课的时候打扰其他同学学习，在班级活动中也不能集中注意力完成任务，自习的时候不会安静地自主学习，小动作很多，还经常与同学聊天。"对此，老师曾经告诉过玛丽的妈妈："要帮助孩子养成良好的学习习惯，就需要给孩子适当地施加压力，让她按照顺序做事情，并在一个活动上要集中注意力。"虽然玛丽的妈妈努力按照老师的指导方法做，可是，玛丽总是难以有条理地做事情，学习上亦是如此。

玛丽是个非常聪明的孩子，可是为什么聪明的孩子在做事情的时候缺乏条理呢？这是由于孩子不具备有计划做事的能力。按照计划做事情也是一种能力，孩子在做事情的时候不制定计划，就无法在活动中集中注意力，也不懂得如何调整自己的行为。

孩子非常聪明，获取信息的能力就非常强，他们在学习上对于知识的接收和理解都不会有困难的，但是要控制自己的行为却非常难，也就是孩子的执行力不够，在做事情的时候，智力就帮不上忙了。有执行力的孩子才会有计划地做事情，按时完成学习任务。如果家长长期没有关注孩子的行为，不注重培养孩子的做事能力，即便孩子智力很出众，将来也会一事无成的。

指导方法：

孩子都喜欢玩游戏，用游戏的方式培养孩子集中注意力和快速反应能力是非常好的方法。比如，随意抽出三张不同的扑克牌摆在桌子上，让孩子盯住一张牌，之后将三张牌倒扣，随意变换扑克牌的位置，让孩子判断哪一张是刚刚盯住的那张牌。如果孩子猜对了，就赢了。随着孩子赢的次数多了，就适当地增加扑克牌的数量，加快扑克牌位置变化的速度，增加扑克牌变换的次数。这个游戏很有趣，符合孩子的个性特点，孩子的注意力也会逐渐提高。

绝对理论，又被称为“100%理论”，即要想达到某一目标，它的概率一定要有100%。将这个理论用于孩子的学习力培养中，就是要让孩子自己动手安排事物，规划自己的学习，甚至自主制定计划完成父母分配的家务，逐渐地，孩子在做事情上就会有条理了。如果父母有20%的事情没有做，孩子就会将这20%的事情完成，如果父母有70%的事情不能做，孩子就可以做70%的事情。让孩子自己做事情就是给孩子成长的机会，父母需要做的就是指导孩子按照顺序做事，培养孩子有条理做事的思维。

对于孩子的功课，让孩子在预定的时间内完成。如果功课非常多，就可以让孩子将作业划分为几个阶段完成，每个阶段持续的时间为20分钟，规定好作业量。每完成一个阶段的学习任务，休息5分钟之后再进行下一个阶段。随着孩子注意力的提高，持续做功课的时间就可以适当延长，这有利于帮助孩子养成学习中注意力高度集中的习惯。

孩子学习中容易分心并不是缺点，这是孩子的神经系统发育不完善的结果。孩子在学习的过程中尽量不要打扰孩子，给他们塑造安静的环境。孩子学习的地方要准备好学习需要的文具，不要摆放玩具等容易分散孩子注意力的东西。

好孩子拥有独立的自主学习意识

自主学习是孩子成才的关键

细节一：珍惜孩子的“破坏”行为

贝贝是小学一年级的学生，非常喜欢玩积木。但是，每当他把积木搭建起来之后，就会用力地推倒，积木块便撒了一地。妈妈看到了，将积木块都捡起来放到盒子里，贝贝还是会将积木都拿出来搭好，之后伸手一推，所有的积木又都散落一地。这次妈妈不再捡了，贝贝看着地上的积木笑得很开心。笑了一会儿之后，贝贝看了看妈妈，又把地上的积木都收集起来，继续搭建，然后推倒，自己玩得很开心。即便是妈妈批评贝贝的做法，贝贝也依然故我。玩到兴起的时候，立在一旁的小自行车也被贝贝推倒，同样没有幸免于难。相信很多的家长都和贝贝的妈妈一样，被孩子的这种行为所困惑，不理解孩子为什么会这么做。

孩子都喜欢玩积木，用积木搭建属于自己的理想世界。当自己的作品完成之后，很多孩子就会将搭建起来的积木破坏掉。孩子的这种行为是令很多家长头痛的。事实上，孩子将搭建好的积木推倒，就是试图驾驭积木，当家长将积木再次搭建起来之后，他就会再次推导，如此往复。如果家长仔细观察，就会发现当孩子将积木推倒的一刻是非常开心地，而且推倒的力量一次比一次大，速度一次比一次快。他想告诉家长的是：看看，我控制住了积木，是不是很厉害？这个时候如果家长提出表扬，就会让孩子充满自信。

孩子会尝试着从不同的角度推倒积木，不仅用手推，还会用脚踢，甚至会将积木高高地举起来再摔下来。事实上，在整个行为的过程中，孩子都是在对积木进行观察，对推倒的方式、方向和可能产生的效果进行判断。一次又一次地推倒，孩子就会对自己的行为做出总结。

可见，孩子自主学习的潜力是蕴含在这种“破坏”动作之中的。在对孩子的自主学习力培养中，就可以将孩子的这种“破坏”习惯充分利用起来，采用正确的引导方式，提高孩子的独立思考能力。

指导方法：

孩子喜欢玩积木，家长可以和孩子一块玩，为孩子提供不同类型的积木，对积木采用不同的搭建方式。孩子用积木搭建属于自己的世界，家长就可以在孩子搭建积木的同时，以搭建的内容为背景为孩子讲小故事，将孩子的想象力激发起来，让他的积木世界更为丰满。除了积木之外，家长还要引导孩子用各种可以利用的材料搭建，诸如书本、枕头、扑克牌等等，这有助于开发孩子的思维。不同的材料搭建起来，被推倒后便会产生不同的效果，包括积木飞起的高度、落到地上所发出的声音都会有所不同，可以培养孩子对事物的判断力，家长借此机会将简单的数学知识和物理知识灌输给孩子。让孩子对积木的空间结构、搭建的形状以及各个积木的占有比例都有所了解，对提高孩子的思考能力非常有帮助。当家长做这些事情的时候，不可以形式化，而是要让孩子充分体验，培养孩子的思维能力。

当孩子懂得的知识逐渐多起来，就不再破坏搭建的积木了，而是对搭建的积木进行观察、分析，尝试着改变搭建积木的外形。这个时候，孩子就从事物的驾驭阶段进入到知识探索阶段，甚至还会用周围可以利用的材料制作各种工艺品，这些都得益于“破坏”行为。

所以，当发现孩子有“破坏”行为的时候，不可以一味地指责，而是要注意对这种“破坏”充分利用，还要鼓励孩子“破坏”。家长与孩子的有效互动，对培养孩子的自主学习力是非常有帮助的。

细节二：家长要懂得放手

一位妈妈在女儿上小学的时候总是为女儿良好的学习成绩而骄傲。她对女儿给予了很高的期望，希望她优秀，于是对女儿的学习特别用心，给女儿报了各种补习班，并每天接送。孩子晚上回家后，妈妈要对女儿的作业进行辅导，还要让女儿将第二天上课的各种用品都准备好。女儿的学习成绩在班级里名列前茅，很稳定。转眼间，女儿进入到初中，开始住校了。第一次期中考试后，妈妈看到女儿的成绩，感到不可思议，女儿的成绩非常不理想。于是，这位妈妈就将女儿接回家住，对孩子的学习给予帮助，虽然期末成绩稍有提高，但是依然没有达到优秀的水平。于是，这位妈妈就与女儿的班主任沟通，班主任说，这个孩子的学习没有目标，对学习按部就班，但是没有产生学习的乐趣，一直都是处于被动的学习状态。这位妈妈每次与女儿交谈的时候，女儿都会说：“我一定会努力学习的。”可是，考试成绩依然如故，没有起色。

案例中的女儿在读小学的时候学习成绩非常好，是得到了妈妈无微不至的照顾，女儿对妈妈已经产生了依赖心理。进入到初中学习阶段，缺少了妈妈的照顾，女儿没有自主学习能力，不知道如何规划自己的学习，而是被动地上课、听课，做作业，不知道主动地预习和复习功课，学习成绩就必然会下降。家长并没有认识到这一点，岂不知，孩子自主学习能力与父母的家庭教育关系密切。现代的父母对孩子往往过于保护，认为孩子最重要的事情是学习，除了学习之外，其他的任何事情家长都可以包办。孩子在这样的环境中成长，就会产生依赖心理，在学习中亦是如此，难以养成独立的性格，即便是努力学习，由于没有自觉学习的动力，也不会获得良好的学习效果。

出现这种现象的一个重要原因就是父母管得太多，孩子没有自我管理学习的时间，不具有自主管理学习任务的机会，孩子按照家长帮助制定的学习计划学习，按照家长的命令执行而不需要对学习的安排动脑思考。家长管得太多，孩子在学习上没有主动性，在学习中失去了自我，也不会主动进行学习。特别是家长面对孩子学习成绩下降的时候，不知道自我反省，而是一味地强调孩子的原因，甚至产生了焦躁情绪，就会让孩子对学习越来越没有积极意识，更不会主动地探索知识。孩子对学习缺少了自信心，就必然难以保证学习质量。所以，家长们应该放手让孩子自己学习知识，教会孩子学习的方法，帮助孩子养成认真思考的习惯，使孩子具备自主发展的基本素质。

指导方法：

家长要告诉孩子，学习是自己的事情，要走自己的路。当孩子接受了家长的这个观点，就意味着孩子在学习中会将内力发挥出来，对学习产生积极主动意识。通常在孩子幼儿园和小学期间，由于家长对孩子的溺爱，都会为孩子“包办代办”很多事情，导致孩子对家长依赖性很强。当家长要对孩子放手的时候，要向孩子明确自己以前的做法是错误的，放手是为了尊重孩子的学习行为，让孩子真正成为学习的主人。在家长告诉孩子这一切的时候，还要让孩子知道，父母永远是支持孩子的，如果遇到为难之处，作为父母一定会提供帮助。采用这种心理支持的方式，让孩子在未来的学习道路上更有信心走下去，才能够用心学习，这对激发孩子的学习主动性，对培养孩子良好的学习习惯能起到一定的作用。

如果孩子在自主学习中出现了退步的现象，家长也不要焦虑，而是要坦然接受，认识到这就是自己曾经为孩子“包办代办”所付出的代价。指导孩子自己制定学习计划，按照计划进行学习。当孩子有进步了，就给予表扬，让孩子对自主学习充满自信。孩子学习潜力一旦发挥出来，就会获得很大的进步，家长应让孩子自主学习成为一种习惯。

尊重孩子的兴趣爱好

细节一：让孩子主动开创学业

Dale J. Stephens在12岁的时候读小学5年级。他向往自己将来能读大学，但是并不是普通的高校，而是名校。可是，每天在学校墨守成规地读书让Dale J. Stephens感到非常无聊，于是就提出了休学，开始走上了自学的道路。当Dale J. Stephens这样做感到效果良好之后，就告诉自己的同学，要上大学未必一定要以学校为路径，可以通过社会化学习的方式进入到名校学习。

Dale J. Stephens最终成功了，被Hendrix College（亨瑞克斯学院）录取，这是美国一流的理工学院。Dalc J. Stephens在19岁就获得了Thiel Fellowship（泰尔奖学金）。这个奖学金只有年龄20岁以下的顶级企业家才有资格获得，而且全世界只有20位。

关于Dale J. Stephens的成功之路，Dale J. Stephens在18岁时就在TED舞台上说出自己的学习心得。在《没有教室的未来大学》中有相关的介绍，其中的一项是“52杯咖啡计划”，就是Dale J. Stephens不是在家里坐在桌前学习，而是走入到社会中向朋友以及社会各界的专业人士请教，每个星期必须请一位某个行业内的专业人士喝咖啡，虚心请教问题，共持续52周。Dale J. Stephens还每个星期投资100美元，让这点投入赚到更多的钱。对于孩子而言，这是一个不小的挑战。这就需要孩子积极思考，制定方案，并在执行的过程中总结经验。

案例中，Dale J. Stephens获得了成功，他所走的不是寻常的求学之路，而是放弃学校的正规教育走上了社会实践教育之路，使自己学习知识等综合能力得到了提高。Dale J. Stephens所选择的求学道路与众不同，但目标是明确的，要上名牌大学，他不仅如愿以偿，而且还获得了奖学金。

我们的孩子所接受的都是学校教育，学校已经改变了应试教育而转向素质教育，对于孩子学习能力的评估方法除了考试成绩之外，更重要的是对孩子的综合能力进行评价。孩子的考试成绩理想虽然重要，但要让孩子有所发展，就要注重对孩子的社会实践教育。

这种社会实践教育并不局限于大学阶段，也不是指各种社会辅导班、家教和社会活动，而是要让孩子将各种社会资源系统化，为自己的学习服务，提高自身的学习能力和解决问题的能力。

指导方法：

Dale J. Stephens说：“一个青少年，无论是在家读书，还是在学校接受教育，未来想进入哈佛等名校，就需要具备一定的能力，这就是‘创业力’。”我们通常理解的“学业”，是按照学校的教育计划，按照家长的指导“完成学业”，学生都是被动地读书，没有主观能动性。将与学习相关的社会资源系统化，就是将学习从学校、家庭延伸到社会中，采用探索社会的方式进行学习，对所掌握的知识合理运用，这个过程中，学生都是在“开创学业的能力”，就好像是创业家一样探索性地学习。学生需要做到的是勇于走入社会，每天的学习要有计划，按照学习方案

进行。比如，每天6点30分必须起床，晚上要晚睡一会儿，让自己有更多的时间用于知识探索中，将自己的潜在能力开发出来。要与身边的人和睦相处，通过合作的方式解决问题。

细节二：引导孩子正确使用手机

敏敏读高中二年级，是学校的小班学生。班级一共54名学生，敏敏的学习成绩在30名以后。敏敏的母亲对她的学习成绩很担忧，对于孩子的学习总是不进步的问题，敏敏的母亲与班主任进行过交流。敏敏每天都在学校上晚自习，从晚上9点至11点，回家后就不再看书了，而是对手机爱不释手。母亲经常对敏敏说："你的英语是弱项，不妨在睡觉之前看一会儿英语。"但敏敏并不听话，依然故我地看手机，甚至对母亲的话产生了抵触情绪，说："不要管我看手机，我的学习成绩不是没有落后嘛。"敏敏马上就高三了，母亲对自己女儿的这种学习状态非常担忧。于是就想出了一个办法，即与班主任商量将敏敏的手机没收，敏敏没有手机可看了，就会将注意力集中到学习上。班主任持有不同意见，班主任问敏敏的母亲："她用手机通常是做什么呢？聊天、看电视剧，还是玩游戏？"敏敏的母亲回答："她通常都是看新闻，会关注各种新闻，包括娱乐新闻等。"班主任的建议是，孩子晚上23点才回家，可以适当地放松自己，既然敏敏是用手机看新闻，家长就应该参与到孩子的看手机行为中，针对新闻事件与孩子交流，对孩子看手机的行为进行充分了解，引导孩子正确使用手机。

现在智能手机已经普及了，高中学生普遍持有手机。虽然多数的高中学校禁止学生将手机带到学校，学生也会遵守学校纪律，但是，回到家里就不受学校这项规定的约束了，会用手机上网看自己感兴趣的内容。敏敏的家长对此很担忧，认为孩子每天放学回家都看手机，而且一直看到睡觉，会影响学习成绩。敏敏的班主任对其母亲的制止行为并不赞同，而且建议家长也参与到孩子的看手机行为中。

在这个案例中，敏敏的母亲对孩子的学习过于担忧了。孩子进入到高中阶段，已经具备了自主学习能力，特别是敏敏需要在学校上晚自习，直到晚上23点才回家，需要有放松的时间。但是，这种放松并没有被家长所理解，家长一味督促孩子不要在手机上浪费时间，要充分利用时间学习。这就必然会让孩子有心理压力，特别是高中学生正处于青春期，对这种强制性地干涉必然产生逆反心理。家长对孩子行为的干涉不仅没有对孩子的学习行为起到纠正作用，反而打乱学生的学习计划，严重影响学生的学习质量。

孩子具备自主学习的能力就会终身受益。这种能力的培养并不是一朝一夕的事情，而是要运用科学的方法。家长在培养孩子的同时，自己也要不断地学习。数学家华罗庚说过："自学，就是一种独立学习、独立思考的能力。"要让孩子知道学习是自己的事情，是孩子需要掌握的能力。所以，家长在对待孩子使用手机的问题上就要采取正确的处理方式。

指导方法：

孩子在家里手机不离手自然是不对的。但是，网络已经成为获取知识的途径，家长要看孩子使用手机在干什么，是否已经影响了学习，如果不是用来玩游戏或者聊天，而是用来涉猎各个领域的知识，就不需要严厉制止，而是要注意正确地引导。

网络内容是海量的，但是很多内容是无用的。这些内容重复性多，在浏览的过程中就可以一带而过，不需要浪费时间详细阅读。孩子在结束一天的学习后希望能够放松自己，也希望获得书本以外的知识，手机就成为了可利用的工具。家长要指

导孩子对手机进行有效利用，告诉孩子哪些网站的内容是有利于学习的，哪些内容是适合于孩子看的。家长也要拓宽自己的知识视野，与孩子针对其所看的内容进行讨论。在讨论的过程中，也可以通过手机上网查阅资料。这样就可以培养孩子养成正确使用手机的习惯，避免孩子看手机对学习产生负面影响。

教育需要家长与老师的配合

细节一：家长配合老师培养孩子

一个非常著名的作家在接受采访中讲述自己儿时的经历。

这位作家说自己在读小学和中学的时候成绩并不优秀，不仅贪玩，而且容易惹事。对自己不喜欢的学科或者不喜欢的老师，会十分地厌烦，表现在行为上就是上课打瞌睡，教师看到了就要让他罚站或者严厉地训斥他一顿，而且一定会通知家长。他回忆："在我放学回家后，我的父亲与我谈话，了解我在学校发生了什么，为什么会这么做，我就把自己的理由说出来了。父亲听了表示教师的做法是正确的，违反课堂规定就是要受到惩罚的。之后让我认真写作业，告诉我先写自己不喜欢的这位老师留的作业，之后再写喜欢的学科的作业。即便是我非常讨厌这位老师，也不得不写他留的作业，而且每天都坚持这样做，逐渐地，对自己讨厌的学科也开始喜欢学习了。

"当我改变了学习中的坏习惯之后，在一次家长会上，这名教师和我的父亲都对我的学习态度表示了认可。教师说：'自己感到困难的学科优先来学习，越是感到困难就越是努力学习，之后再学习自己所喜欢的学科，就会产生苦尽甘来的感觉，最终自己也有所收获，养成了良好的学习习惯，学习成绩也提高了。'

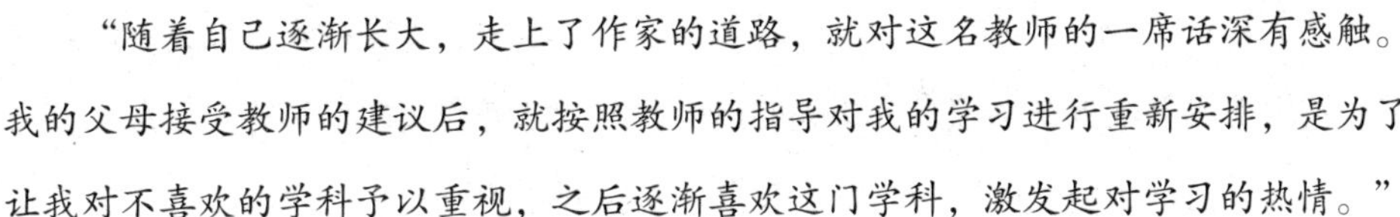

“随着自己逐渐长大，走上了作家的道路，就对这名教师的一席话深有感触。我的父母接受教师的建议后，就按照教师的指导对我的学习进行重新安排，是为了让我对不喜欢的学科予以重视，之后逐渐喜欢这门学科，激发起对学习的热情。”

从案例可以明确了解，孩子对学习是有主观选择性的。针对孩子的判断力、自我控制能力不足问题，通常认为家长帮助决定是非常重要的，告诉孩子应该学习什么以及采用什么学习方法可以提高学习效率。孩子被动学习就必然缺乏学习动力。

在对孩子的自主学习力培养中，采用家长与教师相互配合的方式，在教育中要能够激发孩子的内在驱动力。这并不意味着家长让孩子完全自由，而是要对孩子学习方面的问题进行正确引导，帮助孩子将学习目标制定出来，根据学习目标制定学习计划，将学习的自主权交给孩子。孩子是学习的主体，学习是孩子自己的事，在学习计划的实施中，孩子在学习过程中遇到问题，家长就要鼓励孩子对问题进行自主分析、解决。在孩子解决问题的过程中，不仅可以激发其好奇心，还可以磨炼孩子的意志力，克服各种困难，有助于孩子养成良好的学习习惯。

指导方法：

学生在学校以学习为主，家长要积极地与教师配合，确保孩子回家后能够在有限的时间内高效率完成学习任务。关于孩子在家里学习的问题，家长要与教师积极沟通，了解孩子在学校的学习情况，以发挥家庭学习的补充作用。孩子在学习的过程中，家长可以与孩子共同学习，但是要少干预。当孩子学习结束后，让孩子对学习的内容进行总结。

关于制定学习计划方面，父母可以起到参谋的作用。一旦计划制定出来，就要求孩子按照计划学习。孩子遇到问题自行解决，且能够坚持按照计划行事，并养成良好的习惯后，孩子就打开了自主学习的大门。父母可以提供学习方法，诸如审题、利用工具书、去图书馆查询相关的知识、上网查询有用的信息等。让孩子多方面尝试，寻找适合自己的学习方法。在孩子解决问题的过程中，家长要悉心观察孩子的学习态度，引导孩子在解决问题中发现有趣的事情，从而在快乐中获得知识。随着孩子树立了自主解决问题的意识，就会从多角度分析问题，求异的思维能力得到培养，自主学习能力就会增强。

细节二：让孩子给自己布置作业

王然和婷婷都是小学三年级的学生。班主任是语文老师，在每次上课结束之后，就会让学生将自己不会写的字写会。往往是王然只写了几个字的时间，婷婷已经写了很多字。听写的时候，王然的错误就要多一些，而婷婷的错字会很少，甚至是没有错误。语文老师弄清楚了问题所在，就找王然以及其他两名听写错字较多的学生谈话，问："'好记性不如烂笔头'，为什么写作业的时候，不会写的字没有多写几遍呢？看看考试的时候错误很多吧。"一名学生回答："原本以为自己已经会写了，可考试的时候就发现很多的字都不会写。"另一名学生回答："看着挺简单的字，以为自己就会了呢。"王然回答："我觉得自己已经会读了，就一定会写了呢。"对这三名学生的回答进行分析，都可以明确他们的自主学习能力不足，不懂得用什么方法检查自己的学习情况。教师让这三名学生先坐一会儿，然后将婷婷找来，让婷婷讲一讲自己是怎么学习的。婷婷说："我是先看一遍所有的生字，之后找人帮我听写，将听写错误的字都圈起来，将这些字都写会。之后，还要再听写一遍，直到没有错字为止。"婷婷把自己的学习经验分享给这三名同学，让这三名同学知道如何自行布置作业才能够获得良好的学习效果。

当学生进入到小学三年级之后，就普遍具备了一定的自学能力，能够明确每部分课程的基础知识是什么，需要重点掌握的内容是什么。所以，有必要让学生为自己留作业，培养学生自主学习的能力。每个班级里都会有自我控制力不强的学生，喜欢在学习中寻求捷径，结果“聪明反被聪明误”，学习成绩下滑。一些懂得合理安排课余生活的学生，会有计划地展开学习，即便是没有教师安排作业的时候，也会为自己安排学习的内容，让自己的生活内容更为充实。

不懂得合理安排学习的学生，就会沉浸在很多无聊的小事中，比如看电视、抠手指、玩游戏等，或者是干脆坐在那发呆。这样的学生需要人监督，在学习上提供帮助。并且由于自学能力不够，因此处于学习成绩不稳定期。对于这种类型的学生，家长就要对孩子的学习情况进行定期检查，与孩子共同制定学习计划，探讨如何才能提高学习成绩。比如，不懂的问题要与同学讨论、掌握看书的方法，帮助孩子听写，让孩子学会自己给自己布置作业，目的是让孩子养成自主学习的习惯。

指导方法：

孩子们的学习能力是在日常习惯中养成的。家长要培养孩子的自主学习能力，就要从日常生活中的行为抓起，让孩子养成热爱劳动的习惯，每天都把自己的物品整齐摆放好，把自己的活动区域打扫干净。只有在生活上自立的孩子，才能够在学习上做到自理，能够自主安排自己的学习，不需要别人督促。

一个生活上不够自立的孩子，基本在学习上也不能自理，不会自主安排时间，必须要老师或者家长告诉自己才知道需要做什么。

教师布置的作业，家长要督促孩子完成，检查作业的时候，知道哪些知识孩子还没有掌握，找出相关的知识与孩子共同学习、讨论。对教师要求的自主布置作业，家长要给学生提供帮助，比如，帮助孩子听写、给孩子出题等，培养孩子自主学习的习惯。当孩子们的学习成绩有所提高后，就会对学习充满信心并产生积极意识。在家长的协助下，孩子就可以养成自主学习习惯，终身受益。

让孩子成为学习的主人

细节一：贪玩不学习，学习不贪玩

“十一”假期结束了，文文又开始上学了。非常爱玩的文文有些沮丧，觉得假期过得太快了。假期过后，老师为了激发学生的学习兴致，让学生将“十一”期间最有趣的事情画出来，一个星期后交稿。文文非常高兴，至少一个星期的时间不用写作业了，回到家里就拿出纸，想着“十一”假期最有趣的事情是什么。“对了，钓鱼是非常有趣的，鱼儿好可爱呀。”文文在纸上画出了池塘的结构，池塘中鱼儿游动的位置都用圆圈标上。画到这里，就想：“看看动画片吧，找找绘画的灵感。”于是，就去看动画片了。当动画片看完了，吃过晚饭之后，文文就忘了绘画作业的事情了。玩一会儿该睡觉了，文文突然想起来绘画作业还没完成呢，转念一想：“反正一个星期呢，明天画也不迟。”就这样一天一天过去了，文文每天放学回家都会把画稍稍“完善”一些，接着就抛之脑后了。直到该交稿的时候，文文把自己的绘画作品拿出来一看：“天哪，画还没有完成呢。”

相信很多孩子多多少少都存在文文这种拖延的习惯。他们对于自己所做的事情没有时间观念，认为还有很多时间，不着急。但是做事情的时间总是有限的，当时间快到了，就对该做的事情敷衍了事。文文的这种陋习如果不改变，就很难在学习

上有所进步。

假期过后刚刚开学，很多孩子都会患上“假期综合征”。在学习的时候喜欢拖延，特别是在家里写作业的时候，会受到多种因素的干扰，导致一个小时的作业，两个半小时也写不完。背诵英语单词和语文课文的时候，一会儿听歌、一会儿上网，集中不了注意力，就很难在短时间内背下来。写数学作业的时候，干脆就去打游戏了，迟迟不写。针对这些情况，家长可以指导孩子用可视化思维导图管理学习时间，让孩子通过绘图的方法规划时间，认识到自己拖延学习导致浪费大量的时间，从而提高时间意识。

小孩子普遍喜欢玩，在玩游戏的时候注意力容易集中，但是在学习的时候就很难集中注意力，主要是由于他对学习没有兴趣，就难免在学习的过程中心不在焉，拖沓散漫，直到不得不做了，才会在匆忙之中学习，将学习任务应付了事，当然这种被迫学习是很难获得良好的学习效果的。另外，孩子注意力集中的时间比较短，通常而言，学龄前儿童的注意力集中时间不会超过10分钟，上学前班的孩子注意力集中的时间最多是15分钟，上小学的孩子注意力集中时间不会超过30分钟。小学生对新鲜的事物都会充满好奇心，如果在学习中被外界的环境因素所刺激，就会转移注意力，因此导致学习效率很低，拖拖拉拉的习惯一旦养成，就必然影响学习质量。孩子的学习多是被迫完成的，缺乏做事的积极性，就必然不愿意做，加之不具备合理安排事情的能力，就会不懂得合理运用学习时间。

事实上，孩子在学习中的这种状态与家长不无关系。小学生没有树立固定的生活意识，学习上也没有时间观念，家长的行为举止对孩子都会产生潜移默化的影响作用。一些家长自己做事就非常散漫，没有为孩子塑造适宜的家庭环境，难以培养孩子良好的学习习惯。家长在管理孩子方面，对于孩子做事磨蹭的习惯不知道采取措施解决，而是一味地斥责，就更会挫伤孩子的学习积极性。

指导方法：

利用孩子喜好绘画的兴趣，让孩子将自己的时间安排画出来，指导孩子用这种可视化思维导图管理学习时间，可以逐渐纠正孩子做事拖拉的不良习惯。家长了解孩子学习拖拉的原因后，可以让孩子任选一天，将24小时所做的事情都记录下来，填入一个表格中，让孩子看看自己一天的时间都做什么了。我曾经做过这样的实验，孩子所记录的是周末的一天，发现早晨起床用了一个半小时的时间，自己的早餐竟然从早晨8点半吃到快11点。孩子看到自己的时间消耗，惊奇地说："没想到自己竟然是个起床困难户，而且吃饭竟然用了一个上午的时间。"

孩子从图中知道自己的时间都去哪儿了，了解自己拖延时间的原因之后，就对每天的时间做出计划，用图形表达出来，每天都按照计划做事，规定的时间内将该做的事情做完。逐渐地，就养成了做事情有计划的习惯，学习效率也会提高。

细节二：挖掘孩子创造发明潜能

富兰克林出生在美国的波士顿，从小家境贫寒。父亲靠做手工活维持一家人的生活。富兰克林只读了两年小学，就不再上学了，跟着爸爸学习手艺，帮助爸爸做工赚钱。

一天，爸爸让富兰克林跟着他去送货，当路过郊区的时候，富兰克林发现一棵老松树的树干从中间裂开了。他问爸爸："这棵松树长得这么粗大，足有百年以上了，怎么会被劈开的呢？"

爸爸说："这是天上的神发怒，在暴风雨天气，用魔法制造闪电下来将这棵松树劈为两半了。"

老松树的周围有好多人在观看。富兰克林也靠近松树看了看，残枝败叶散落了一地，还有黑焦炭一样的树皮，看着很吓人。

富兰克林对天上的神制造的闪电打断地上的树干产生了好奇感。富兰克林想弄清楚闪电拥有巨大威力的秘密。就想将黑云装到铁瓶子里面，看看几朵黑云放在一起会有什么效果。富兰克林开始总结前人的经验，不断地做实验。一次，富兰克林将几个莱顿瓶用导线连接在一起以加大电容量，不小心将莱顿瓶中的金属棍碰动了，看见有电火花产生。不一会儿，伴随着清脆的声响，电火花消失了。这就是一种放电现象，为了证实雷电是一种放电现象，富兰克林在1752年做了风筝实验。

这一天雨下得很大，电闪雷鸣，富兰克林的风筝升上了天空。一个雷电闪过，富兰克林快速地将手指靠近钥匙，靠近手指处闪过了一个电火花，这就是雷电释放的电流通过放风筝的麻绳上端缠绕的铁丝和铜制的钥匙传到他的手上。之后，富兰克林快速地将钥匙放到莱顿瓶中，只见莱顿瓶中闪动着蓝色的火花，就好像天上的闪电一样。

富兰克林就是用这种方式证明了闪电的来源是一种自然现象。接着，富兰克林发明了避雷针，闪电通过避雷针流入到大地，避免了雷击现象。

富兰克林没有接受过太多的学校教育，是他的好奇心和创造发明的潜能让他走上了科学的道路。孩子都具有创造意识，作为家长就要保护孩子的创造力萌芽，让他们的创造性得以发展。著名的儿童教育家陈鹤琴曾经说过，孩子的本性中有潜在的创造欲望，只要让孩子探索实践，就会提高孩子的创造能力。

现在的一些家长给孩子创造了不错的经济条件、学习环境，也会要求孩子听话，孩子最原始的创新精神被扼杀了，对于事物现象的思考缺乏独立见解，最终就会变成平庸的人。

虽然所有的孩子都拥有创造发明的潜能，但并不是所有的人都会像富兰克林一样在科学领域中获得成就。孩子的创造发明能力是其成长的生长点，家长需要努力培养，为孩子创造力的发展创造条件，即便孩子不会被培养为创造性的人才，也会让孩子的生活更为丰富多彩。

指导方法：

家长要认识到每个孩子都有成为天才的潜能，所以，对孩子的探索意识要予以关注，对孩子的好奇心要认真对待。比如，一些孩子喜欢把玩具拆开，对自己不懂的问题揪住不放，这就是孩子创造发明的潜能在发挥作用。中国著名的教育学家陶行知曾经说过："处处是创造之地，天天是创造之时，人人是创造之人"。孩子要了解未知的世界，从不懂到懂就是一种创造；孩子要达到自己的目标而想办法实现也是在创造；孩子在别人的基础上做出了新的成就也是创造。家长需要做的就是为孩子提供他创造中所需要的知识和技能，这不仅可以丰富孩子的知识经验，还可以提高孩子的智力水平，对孩子的自主学习意识形成奠定良好的基础。

具有创造发明潜能的孩子比较顽皮，行为上也不会常规化。从心理学的角度而言，越是具有反抗精神的孩子，其自主判断力就越强；越是脾气古怪的孩子，就越是聪明。喜欢到处涂鸦也可以被视为优点，因为这样的孩子创造力、想象力更为丰富。孩子在解决问题的过程中，孩子的错误多，其实是有发展可能性，因为他要更好地解决问题，就需要吸收更多的知识和经验。为了让孩子的创造发明潜能发挥出来，家长就要注意用正确的方式教育引导，让孩子在学习和思考中，独立意识得到培养。

第8章 榜样是孩子源源不断地学习力量

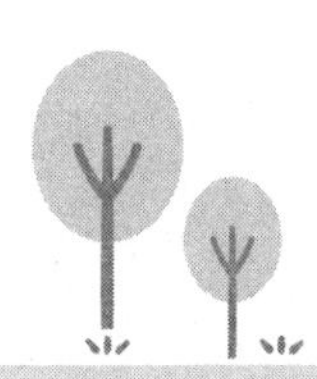

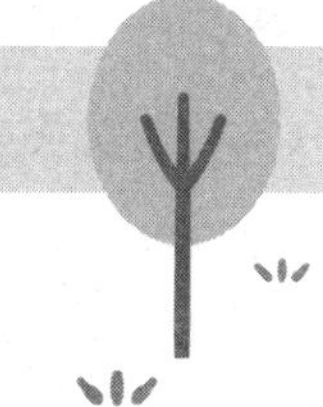

以身作则，给孩子树立榜样

细节一：用自己的专注感染孩子

《爸爸去哪儿》第五季中有一个非常有趣的游戏，就是爸爸们和萌娃一起用“袋鼠跳”的方式展开传输竞赛，其中陈小春和儿子Jasper的表现给人留下了深刻的印象。陈小春在竞赛中全身心投入，要通过努力让儿子获得好的名次。但是，由于陈小春发力太过，且将注意力都集中在竞赛中，在袋鼠跳的时候口袋中的辣椒洒落在地上。Jasper两只脚在麻袋里迈着小碎步跑着，摔了几个跤，将地上的辣椒捡起来，送到陈小春的身边，陈小春却依然专注于袋鼠跳，真是“两耳不闻甜椒声，一心只顾来回跳”，无视Jasper的举动。当Jasper追着爸爸将辣椒再次递给陈小春的时候，陈小春也是充耳不闻、视而不见，干脆就跳着绕开了。Jasper当时露出了无奈的表情。

在这场比赛中，陈小春是年龄最大的一位了，是名副其实的大哥，而且还有腰伤。Jasper一直都在为爸爸加油，怕落到人后。陈小春不顾及自己的身体，在比赛中很拼。

陈小春对Jasper无视的举动并不是有意识的。换个视角理解，从中可以理解陈小春做事情的认真态度。一个人能专注于工作中不仅是一种能力，也是一种敬业

精神。游戏中的陈小春会全身心投入，要加快速度完成竞赛任务，即便是自己疼爱的儿子也不能让他分心。他也是用自己的实际行动教育孩子做任何一件事情都要专注。

父母是孩子最重要的老师，对孩子的影响是最直接的。父母们言行举止也许是不经意的，却会被孩子效仿。估计很多家长都没有意识到这一点，自己的性格和素养已经传递给孩子，通过孩子“暴露”出来。

陈小春是在工作中非常敬业的人，也正因为如此，才成为影视圈中的“常青树”。其极高的专注力必然会在潜移默化中对儿子Jasper产生重要的影响，学会这样的精神，并养成良好的处世习惯。所以，父母的素养和品质对孩子的影响这个问题是需要我们关注的。

一些家长总是督促孩子好好学习、认真做功课，自己则是打麻将、看电视、玩手机、刷微信，孩子很难专注于学习，而是会学着家长的样子。家长要让孩子在学习中集中精力，做事情全神贯注，就要让自己变成一个专注的人，用自己的专注感染孩子。

指导方法：

孩子的注意力是很容易分散的，在日常的生活细节中对孩子的注意力进行训练时，想要获得实效性，家长自己就要成为孩子的典范。比如，在吃饭的时候，家长不要玩手机或者做其他的事情，要专注于吃饭。

孩子注意力不集中不是一天养成的，要改掉这种不良习惯也不是一蹴而就的，家长要慢慢来，用自己的行为引导孩子正确的做法，不可以总是提醒，也不可以教训孩子，而是让集中注意力成为孩子的习惯。

培养孩子的专注能力可以用游戏的方法。比如，吃过晚饭后，妈妈要打扫房间、爸爸要看书、孩子要写作业，三个人就进行比赛，看看谁先完成自己的任务。完成任务的有奖励，没有完成任务的明天晚饭后刷碗，可以培养孩子的“认真完成”意识。

家长要用自己的行为感染孩子，无论是日常的家务，还是工作行为，都要有条不紊地进行，即便是存在各种干扰因素也不会受到影响，可以培养孩子的责任感。当孩子认识到无论做任何事情都要承担责任的时候，就会高度集中注意力，更好地完成任务。

细节二：不要轻易向孩子道歉

记得有一次在公交车上遇到一对母子，孩子应该是初中生，妈妈接孩子放学回家。看得出来妈妈很疼爱孩子，都10多岁的孩子了还接送放学。车上人并不多，但是由于路不好走，加之下班高峰时间堵车，行车不够平稳，孩子站在那里晃来晃去的，妈妈就一直用双手抱着儿子的腰，怕儿子摔倒。我站在不远处看着妈妈的样子，有点揪心。

孩子对妈妈说：“我倒不了，你不用扶着我。”

可是，妈妈执意不从，就是扶着儿子，还担心地说：“儿子，一定要扶好，可不能摔倒呀，妈妈就你这么一个宝贝。”

我转过脸看着这对母子，孩子的脸色很难看，感觉一定达到愤怒的极限了。突然，司机一个急刹车，车里的人都在车的惯性下向前倾了一下。这对母子都没有站稳，妈妈差一点儿摔倒，儿子撞到了妈妈的身上。

母子两人都站稳后，儿子没有好气地说：“就说不用扶着我，看看，差一点儿被你拽倒了。”

车上所有的人都看着他们，气氛变得有些尴尬了。令人意外的是，妈妈竟然向儿子道歉说：“都怪我没扶好你，看看碰到哪儿没有，受伤没有，都是妈妈的错。”

当我看到妈妈的这种表现时，不再为她揪心了，而是很生气。她竟然为这种事情向儿子道歉，作为家长的尊严何在？

家长在教育孩子的过程中，要与孩子处于平等的地位。居高临下当然是不对的，但是，降低自己的身份就会有失家长的尊严，如何能教育孩子呢？

家长的行为不当或者做错事情的时候，向孩子道歉，可以在孩子面前起到榜样的作用，还可以让孩子产生优越感，对增进彼此之间的关系是可以起到促进作用的。但是，过分溺爱孩子，随便向孩子道歉就不利于对孩子的教育了。孩子无视家长的威严，就容易使孩子骄傲，目无尊长。家长对孩子的教育失去了权威，就很难管教孩子，所培养的孩子也会任性、不明事理。

英国的艺术家波伊斯在《文化的意义》中有这样的一句话："任何人，不论多么博学，只要他的学问和他的生活之间还存在着一段尚可估量的距离，就都称不上是有教养的人。"不是读书了就会有教养的，也不意味着有了年岁，就会有教养，如果家长面对孩子的不当行为而默许，就是没有重视孩子的教养。孩子教养上的缺失，家长是需要承担重要的责任的。

指导方法：

很多人都会认为，孩子犯错是可以原谅的，并总是以"孩子小，不懂事"为借口。如果孩子的错误行为反复进行，就会养成习惯，日久天长就会形成不良的品质。孩子不懂事，家长要懂事，家长要对孩子的行为做出判断，之后进行正确的引导，让孩子从小养成良好的习惯。

孩子在很小的时候也是塑造人性的重要阶段。家长没有对孩子的错误行为及时纠正，甚至随意向孩子道歉，就容易误导孩子，让孩子无法对正确和错误的事做出判断。家长需要教育孩子，想得到什么东西就要自己付出努力，付出才会有收获，

世界上没有白吃的午餐。

让孩子看一些励志的电影、电视剧，闲暇时间参加有意义的社会活动，让孩子在社会中接受德育教育，知道什么是应该做的，什么是不应该做的。

现在的一些小区都设置有爱心捐助箱，可以让孩子捐助一些衣物等等做一些慈善的事，培养孩子的同情心和感恩之心。有爱心的孩子才会懂得珍惜身边的一切。

在孩子面前树立良好的父母形象

细节一：家长要演好自己的角色

第十七届全国青少年创新大赛中，冯裕获得了江苏赛区的一等奖。冯裕的父母都是普通的工人，却为他塑造了书香家庭的氛围，孩子在这样的家庭环境中成长，是他在比赛中获得成功的基本条件。父母为了让冯裕多读书，给孩子购买了很多的书籍，其中科普读物是非常多的。走进冯裕的小房间中，就可以感到浓浓的书香味。除了书柜之外，文房四宝俱全，还有冯裕在学习之余手工制作的各种工具。在墙上挂满了冯裕参加书法、绘画、作文等比赛的获奖证书和奖状，对整个书房起到了装饰的作用。房间里充满了学习气息，也将他的才能展示出来。从冯裕上小学开始，晚上冯裕写作业的时候，父母也会看书学习，当冯裕遇到难题，一家人一同商讨解决，交流读书的感想。冯裕的父母都喜欢听他讲科幻故事，鼓励冯裕自己凭借想象编科幻故事，之后讲给父母听。父母听的时候都是津津有味的，冯裕得到鼓励，讲故事更有信心了，有的时候还会凭借想象自由发挥。孩子是学习的主人，父母参与到孩子的学习中，不仅在生活上支持孩子，还在学习上以精神支持。当冯裕取得了良好的成绩，父母都要予以表扬，即使是学习上退步了，也会给予鼓励，不会给孩子太大压力，而是全家人共同商讨学习计划，让冯裕在学习中采用有效的方法学习。

家庭教育中，父母所扮演的角色就是要做到“言传身教”。冯裕的成就源于家庭教育。父母为冯裕塑造了书香环境，而且都参与到读书活动中，但是这种做法并不是“陪读”，而是扮演着学生的角色，让冯裕展示自己的学习才华，家长充当学习者和聆听者。多数的孩子都喜欢充当老师的角色，他们愿意将自己掌握的知识与人分享，同时享受“为师者”的过程。冯裕的家长就满足了孩子的这一需求，不仅自己可以学习到知识，而且还对孩子起到了鼓励的作用。

孩子在“为人师”的过程中，对自己的知识要求必然有所提高，在学习中不仅更加努力，而且还不断地总结学习方法，将相关的知识建立关联性。在整个的学习过程中，就必然会将自己所学习的知识化为学习动力。他们模仿教师的思维方式，而且还会发挥自己的特长，让自己在学习上不断地实现知识创新，随着学习层次的提高，加之与家长之间积极的沟通，就逐渐养成自主性学习习惯，对孩子的身心健康发展可以起到一定的促进作用。

指导方法：

孩子要有所成就，家长就要客观地分析孩子的身心发展状况、个性特点以及兴趣爱好。在孩子成长的不同阶段都要指导孩子制定目标，还要帮助孩子完成。

培养学生的自主学习能力，家长的指导作用是不可或缺的。家长对孩子起到帮助和支持的作用，让孩子对自主学习充满信心，还会根据自己欠缺的知识采取相应的方式方法获取它。所以，家长对于“自主学习”的内在含义要正确认识，鼓励孩子在小事情上规范自己的行为，面对难题要自己想办法解决，由此磨炼孩子的意志，培养孩子自己想办法解决问题的习惯。

在家里，家长可以让孩子担当小家长的角色，对各种家庭事务进行分配，让孩子从接受管理和接受爱的角色转变为管理人、去爱人的角色。孩子自己的零用钱由孩子自主管理，对于如何管理以及如何使用零用钱，家长可以指点，但是不可以干

涉。家长要服从孩子的安排，让孩子对家庭管理更有积极意识。当孩子承担家务劳动的时候，就会意识到家长操持家务的辛苦，对提高孩子的责任感非常有帮助。这是培养孩子自主学习的基本前提。

对于孩子的学习要与实践活动相结合，孩子有能力支配自己的实践活动，通过实践活动学习知识，不仅可以深化孩子对知识的记忆，而且提高知识的灵活运用能力。孩子的自主学习意识养成，就会掌握自学的方法，利用各种资源创造性地学习，学习的积极意识增强，就可以获得良好的学习效果。

细节二：对孩子不要说谎话

点点的妈妈是职业女性，每天工作都很忙。一天，点点问妈妈："玲玲的妈妈会做披萨饼，妈妈，你会做吗？"

点点的妈妈想满足孩子的要求，说："点点每天学习都很辛苦，喜欢吃披萨饼吗？妈妈今晚会做给你吃，让点点有充足的营养，越来越聪明，每天开心地学习，一定会提高学习成绩的。"

为了不让孩子失望，妈妈到书店找关于做披萨饼的书，还买了本烘焙内容的书，希望能给孩子做各种点心。可是，回到家里做披萨的时候，才意识到：披萨做起来没那么简单，虽然有书，但是自己还是不会做披萨饼，这可不是短时间内能学会的。答应孩子的事，现在做不出来，这可怎么办？孩子长大了，接触的知识越来越多，今天如果不做披萨给她，点点就会认为妈妈是一个不守信用、爱撒谎的人。妈妈左右为难，最后终于做出了一个决定。

点点放学回家后，看到妈妈没有给她做披萨饼，心里很失望。妈妈看到，立马将自己做的手工工艺画拿出来给点点看，告诉点点："妈妈今天没有做出好吃的披萨饼，但是妈妈画了漂亮的披萨饼。点点，上次是妈妈说谎了，妈妈还没有学会做披萨。等过一段时间妈妈学会做披萨了，妈妈再做给你吃，好不好？"

点点有点失望，低下头回答："哦！"

妈妈看出点点失落的情绪，说："今天妈妈没有做出披萨，点点想吃披萨，妈妈可以带你去外面吃。"

点点听后收下妈妈的画，开心地答道："好，妈妈早点学会做披萨，下次在家吃。"妈妈含笑答应，点点和妈妈高高兴兴地外出吃披萨了。

家长与孩子是陪伴一生的长久亲情，对孩子不要说谎，搪塞的语言是无法维持这种亲情的。谎言不能掩盖自己的缺点，当孩子明白了家长是用虚伪的语言掩饰自己的心虚的时候，就会鄙视家长，家长必然面临教育失败。

案例中的妈妈不会如其他孩子的妈妈一样会做披萨饼，也不能成为全能妈妈，而是接受了自己的不足，对孩子说真话，告诉孩子，妈妈有自己的长处，让孩子逐渐地了解妈妈、理解妈妈，喜欢妈妈的长处，愿意与妈妈交流。

人生就像长跑一样，越持久越有耐力。要维系好亲情，仅仅靠奉承孩子只能哄一时，随着孩子具备了判断力，就能用理性思维思考问题了，家长在他们的心目中就变成了言行不一致的人，不再得到尊敬。

指导方法：

当家长用谎话欺骗孩子的时候，孩子会露出开心的表情，但是并不代表孩子尊敬家长。孩子即使年龄很小，也会察言观色，寻求家长的行为规律。孩子也会因此产生投机心理，权衡付出和获得之间的关系。所以，家长不要用谎话安慰孩子，更不要通过满足孩子各种要求的方式欺骗孩子，长此以往，就无法达到教育孩子的目的，反而让孩子食髓知味，更为骄纵。

缺乏独立意识的孩子面对学习和生活中的困难时，往往表现得不知所措。家长要指导孩子用恰当的方法处理，尽量让孩子自己处理问题，独立完成自己的任务。

孩子能做到的事情，只要不是坏事，就让他们自己去做。

不用谎话讨好孩子，就是不需要说不切实际的好话讨孩子欢心，这样会丧失孩子对你的信任。当你对孩子进行教育的时候，他会在心中对你产生不满，不肯听你的教导，甚至也会用谎话来欺骗你。家长要对孩子真诚，以身作则让孩子懂得什么叫承担责任，并正确对待所遇到的每一个问题。

一味地责备，不如多点赞美与夸奖

细节一：对孩子的成绩表示认可

葛女士的孩子学习成绩一般，在班里是中等水平。她对孩子的期待很高，希望孩子能上本市的重点高中，所以对孩子的学习是非常关注的。现在，孩子已经进入到初三了，葛女士更是经常督促孩子学习，可是孩子的学习情况不见好转。葛女士有些烦恼了，给孩子的老师打电话，问问老师的意见，毕竟老师是最了解孩子的学习情况的。老师说："臧洪在学习上自信心不够，我尝试着表扬他几次，他成绩就有所提高了。这个得慢慢来，你在家里不妨试试这种方法，表扬孩子一下，认可孩子的进步，孩子慢慢养成积极学习的习惯就好了。"

原来，臧洪在班里各方面都不突出，平时很难得到老师的表扬。初中三年级了，老师发现这名学生很勤快，早上到班级里把教室打扫得干干净净，下课了跑到前面主动擦黑板。老师表扬了他，说："臧洪同学每天都默默地为同学们做贡献，热爱班集体，同学们要向他学习，维护好班级环境，才能好好读书。"臧洪的表现得到老师的认可，对自己的学习就更有信心了，积极意识增强，不懂的问题主动与同学讨论，也会问老师。在老师的表扬下，臧洪的学习状态发生了明显的改变。

臧洪进入初三的期中成绩提高了。妈妈非常高兴，听老师的话称赞他说："成

绩有进步了，看来你已经找到好的学习方法了，有时间告诉妈妈你是怎么学习的，说不定妈妈用在工作上，工作质量也会提高。”

臧洪听了妈妈的表扬很高兴，说：“我每周都做学习计划，包括学习的时间和学习的内容都详细安排好了。”说着，把自己上个星期的学习计划给妈妈看。

妈妈称赞道：“这种方法很好，我在工作中也要像你一样做工作计划，每周一次。”

没想到，妈妈对臧洪成绩的一点小小认可，使得臧洪更加努力学习了，初三上学期已经进入到班级的前20名。妈妈用这种方式称赞儿子，是对儿子的学习方法表示认可，更重要的是强调孩子的学习过程，让孩子肯用时间改进自己的学习方案，之后按照计划学习，逐渐地积累学习经验，学习成绩自然就提高了。

赞美孩子并不是对孩子的奉承，而是对孩子良好的表现表示认可。以表扬的方式可以突出孩子的优点，明确孩子的正确做法，孩子乐于接受的同时，还会将自己的优点更充分地发挥出来，从中获得满足感。所以，赞美是让孩子充满自信的好方法。

每一个孩子在学习中，刚开始都是非常积极的，希望通过努力证明自己是优秀的，得到别人的认可。但是，由于孩子的能力有限，加之环境问题、学习经历问题等等，成绩没有达到预期的效果。长期如此，孩子就会丧失学习自信心，自卑心理增强。孩子身上都有优点，家长可以对孩子的优点予以表扬，帮助孩子树立自信心。孩子在家长的鼓励下调整自己的学习状态，多方面收集学习经验，不断地尝试，就可以找到适合于自己的学习方法。

指导方法：

家长赞美孩子的目的是为了让孩子用正确的方法自主学习。如果家长一味地表达自己的主观感受，孩子就不知道自己以后该怎么做才能获得赞赏。所以，家长在赞美孩子的时候，要将孩子值得赞赏的行为说出来，孩子领悟到家长的意思，就知道怎么做是正确的。有的孩子得到夸奖之后得意忘形了，就是因为家长夸奖孩子的过程中一味注重感官表达，语言内容不切实际，没有明确孩子值得夸奖的行为。盲目夸奖，对孩子成长发育没有良好的影响。

此外，在赞美孩子的时候，不要过于强调结果，而是要注重过程。仅仅赞美孩子的成功，容易让孩子产生“走捷径”的心理，做事情不脚踏实地，孩子滋生侥幸心理，缺乏耐性，做事情华而不实，甚至不按照规定做事情。家长赞美孩子时强调孩子成功的过程，鼓励孩子努力做事，还要有恒心和毅力，培养孩子良好的做事习惯，这是拥有快乐人生的重要保证。

细节二：赞美的话要时常更新

王航曾经是班级里非常调皮的学生，不仅自己不遵守上课纪律，还影响了班级的其他同学。王航没有养成良好的学习习惯，考试不及格的现象居多。

淘气好动的孩子往往聪明，有着多年教育经验的老师自然知道这一点，在班级里也用这种方式夸奖王航，可是，孩子的表现好上三天，之后就又恢复原样了。要对孩子正确引导，就要对孩子的学习环境进行了解。老师正在教研室思考这个问题，班长跑进教研室，对老师说：“老师，王航又和同学打架了！”只见跟在班长后面的王航全身都是灰，脸上也脏兮兮的，还流着眼泪。老师拿出手帕纸给王航擦干净脸，拍了拍他身上的灰尘，温和地说：“回班里上课吧，放学了到老师这里来。”

周末，老师到王航家进行家访。王航的爸爸正推着车准备出去送外卖。老师说明了王航在学校的表现。王航的爸爸直叹气，说：“我没有什么文化，每天忙着工作，也不知道怎么教育孩子好，给老师添了不少的麻烦。这个孩子小时候打仗，被

人家扔的石头砸过脑袋，当时就倒在地上了，上医院抢救才清醒过来。估计从那时候就变傻了。”王航站在爸爸的旁边，一直低着的头突然抬起来，大声地说：“我才不傻呢！”

老师把王航拉到自己身边，摸了摸孩子的头，说：“王航比较淘气，这是聪明的表现，怎么能说孩子傻呢？我是很喜欢这样的孩子的，如果这么聪明的脑袋能在学习上发挥出来，我就更喜欢了。以后不要说孩子傻了！”

爸爸听孩子的老师这么说，就露出了笑容，说：“是的，老师，我的孩子不傻，以后我再也不说他傻了。”

从那以后，老师在课堂上经常表扬王航，不仅是学习上，只要王航表现良好，就会表扬。爸爸也会经常夸奖孩子懂事，知道自己学习了。王航总是被表扬，同学们也更愿意接近王航了。

现在比较流行赞美教育法，很多家长深知这一点，在孩子的成长中就践行这种方法的奇效。确实，孩子得到夸奖之后，表现会更好，在学习上更为自觉主动，在生活上更为积极乐观，孩子正常成长，对培养孩子优良的品性非常有好处。

“赞美”也是一门科学，要恰当使用，滥用这种教育方法而没有创新，就不会获得预期的效果，甚至会令孩子反感。案例中的老师对王航的赞美起初仅仅停留在聪明上，因为他知道淘气的孩子往往是聪明的。王航依然故我地淘气，学习不上进，就说明孩子对老师的赞美没有从心理层面接受。一成不变的赞美听久了，即便是非常有自信的人也会觉得无趣，甚至会感到虚伪，因此产生心理厌烦感。

家长赞美孩子的时候，要预防总是用同样的赞美之词，要多在孩子身上发现优点，对孩子各方面优点进行赞美，用不同的语言表达自己对孩子的欣赏，才能对孩子起到激励效应。

家长在赞美孩子的时候要多发挥创造精神，赞美的语句要新鲜，不断变化，让孩子获得新的认可，乐于接纳赞美的同时，也更有上进心。

指导方法：

每个孩子都有自己的优点，家长往往用学习作为衡量孩子优点的标准。当孩子的学习成绩落后的时候，家长就会说“脑子进水太多了吗？怎么那么笨！”“这么简单的题还做不对”等，让孩子产生了自卑感，觉得自己都没有什么优点了。

心理学的角度而言，赞美就仿佛是“催化剂”，当孩子感到学习疲惫的时候，用恰当的赞美话语，就会激发其积极向上的意识。当然了，如果孩子所接受的是批评，就会意志消沉，放弃努力。所以，家长要让孩子变得更好，就要不吝惜赞美，而且还要时常更新赞美的话，让赞美更有艺术感，孩子在接受赞美的时候，就是一种美的享受，然后让自己变得更好。

家长对孩子的行为不要用成人的标准衡量，即便是非常“简单”的行为、非常微小的进步，对于孩子来讲都是不容易的，家长都要予以赞美，而且还要用孩子能听懂的话加以赞美，让孩子知道自己的做法是正确的，可以得到家长的认可，就会做得更好。

要注意赞美孩子的行为。孩子的个性是很难改变的，可以改变的是孩子的行为。孩子每做对一件事情，都要予以肯定，赞美之词不可以简单化，而是要具体到孩子的行为内容，赞美的话就不会千篇一律了，让孩子对自己的行为做出自主评价，也会努力做得更好。

灵活应对孩子抛出的问题

细节一：不可以轻易答应孩子的要求

现在不少孩子都喜欢在班级里炫富，即便学校采取各种措施制止这种现象，但是依然无法奏效。李胤上小学四年级，是班级里有个富二代的孩子，将同学们请到家里开生日party，还给自己的好朋友买东西，同学们都喜欢围着他转。

一天，李胤问爸爸："爸爸，为什么同学家那么有钱，而我们家这么穷？"

爸爸听了儿子的问题，先是愣了，之后就问："为什么要问爸爸这个问题呢？你缺什么东西吗？"

儿子说："班级里有个同学家庭条件非常好，经常请大家吃好吃的，还让同学们去他家里玩。我也想学他的样子。"

爸爸知道了，原来是儿子看到那个孩子炫富，自己产生自卑心理了。

爸爸把儿子抱起来，坐到沙发上，郑重其事地说："儿子，咱们家并不穷，你看你什么都不缺。上天给我们都是一样的。如果他给你很多钱让你请同学吃好吃的，但是爸爸和妈妈就不能陪伴你周末去公园玩。你选择哪个呢？"

李胤立马答道："我要爸爸妈妈。"

爸爸微笑着继续说道："如果你想请好朋友们吃好吃的，可以好好学习，长大后勤奋地工作，你自己赚的钱就可以请朋友吃饭了。而且你用自己赚的钱请大家吃饭，大家都会尊敬你的。”

现在的孩子要什么家长都有能力满足，孩子的生活是无忧无虑的，长此以往，孩子就会认为这是理所应当的，不懂得感恩。孩子在这样的环境中成长，不懂得尊重父母，在外面目无尊长，没有教养。

案例中的爸爸是很睿智的。当孩子说家里穷的时候，没有责备儿子，而是通过选择告诉儿子一个温馨有爱的家比钱财更重要，并利用孩子自己赚钱请朋友吃饭的意思，阐明有付出才能获得回报，自己劳动赚的钱才有支配的权利，培养孩子良好的用钱习惯。讲到班级里的富二代炫富的问题，爸爸告诉孩子，自己赚的钱请客才会令人得到尊重，引导孩子树立正确的价值观，对孩子身心健康的发展是非常有好处的。

指导方法：

父母对孩子的要求不需要立马答应，可以适当地拖延一下时间，之后满足孩子的需求，这样可以让孩子感觉到从家长那里得到东西是不容易的。家长用这种方式在孩子面前树立权威，让孩子知道家长的一切是付出劳动得到的，让孩子懂得感恩。

对孩子的过分要求，家长要懂得变通。比如，在去超市之前可以与孩子签订一个“君子协定”，将买东西的价位确定好，对孩子可能提出的无理要求严令禁止。如果孩子执意要超出协定内容的东西，家长就要让孩子做出取舍，比如得到了这个东西，过年的礼物就取消了，这样孩子就会放弃奢求。让孩子自己做出选择，可以提高孩子的思考能力和判断能力，控制欲望，为自己更好的期待而忍耐和等待，有助于提高孩子的情商。

细节二：对孩子的错误采用沉默的方式处理

天天对父母有很强的依赖性，无论做任何事情都会关注父母的看法。一天，天天在客厅玩篮球，把桌子上的花盆弄翻了，花土都撒到了桌子上。妈妈听到声音跑到客厅一看，非常生气。

妈妈已经不止一次地告诉天天不要在客厅玩球，要到外面去玩。天天趁着妈妈不在客厅，就想偷偷地玩一会儿，结果惹祸了。

天天站在那里，用惊恐的眼神看着妈妈。妈妈什么都没有说，走到桌子前把花土都装回到花盆里，擦了擦桌子，还给花浇了点水，就去做自己的事情了。

天天自己犯了错误，自己当然是知道的，站在那里等着妈妈的惩罚。可是，出乎意料，妈妈什么都没有说。妈妈选择保持沉默的做法，是认为不需要给儿子指出错误，而是要让他自己认识到错误，才会接受教训，以后就不会犯同样的错误。

妈妈一直都压住火气没有爆发出来。晚上，天天看见妈妈不理他，就给妈妈拿水果、倒水，讨好妈妈。妈妈看得出来，天天虽然知道自己错了，却没有向妈妈道歉的意思，想要哄哄妈妈就了事了。妈妈坚持着沉默，也不提天天犯错误的事情。

第二天早晨，天天终于坚持不下去了，就怯生生地走到妈妈面前，说："妈妈，昨天是我错了，我不该在客厅里玩球，对不起，以后我不会这么做了。"

妈妈说："知道错了就好，以后要改正，就仍然是妈妈的好孩子。如果不改正错误，就是食言，这样的孩子可是没有好朋友的。"

天天一脸懊悔的表情，妈妈拍了拍他的背，笑了。

当孩子犯错误的时候，为了让孩子自己认识到错误，并且今后不会犯同样的错误，家长采用沉默的方式处理是比较有效的。天天犯错误了，妈妈没有当面斥责，而是采用了沉默以对的方式，孩子会产生内疚感，也害怕妈妈永远都不理他了。

关于孩子的教育，作家莫言曾经这样说过："大爱无言，沉默也是一种教育。

少了一些聒噪和唠叨，孩子反而可能会有更多理性思考的空间。身教重于言教，在默默无声的行为之中，孩子可能更愿意学习和模仿父母良好的生活和工作习惯。”

“沉默”是以静制动的方法，给孩子理智思考的时间，自我反省，转换自己的思维方式，自我教育，以后就不敢明知故犯了，这样就可以发挥“此时无声胜有声”的教育作用，获得良好的教育效果。

指导方法：

家长要认识到，对孩子的错误保持沉默，并不意味着让孩子放任自流，而是用沉默做出暗示。家长要求孩子去做的，自己就要身先士卒，用自己的行为向孩子传达正确的信息，感召孩子，可以获得“其身正，不令而行”的效果。

如果孩子犯错比较严重，家长没有明确犯错的原因，沉默不语是比较有效的方法，让孩子主动告诉家长犯错的原因，自主纠正错误。家长明确真实情况之后，就可以对孩子具有针对性地采取教育措施，对孩子的行为做出正确引导。

家长在批评孩子的时候，情急之下不免口无遮拦，批评的话语让孩子的自尊心受到伤害。用沉默的态度对待孩子的错误行为，让家长更显威严，这种稳重的处事方式令孩子产生敬畏之感，孩子就会自觉地改正自己的不当行为。

第9章 将孩子的缺点转化为资源

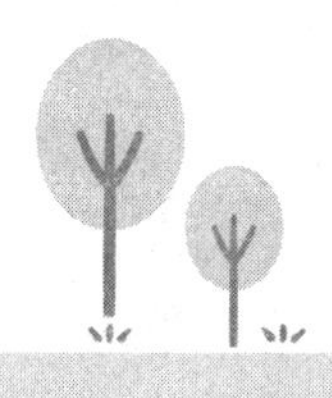

别对孩子的缺点大惊小怪

细节一：让孩子明确认识自己的缺点

伏尔泰是法国十九世纪的大哲学家，性格非常倔强。他有一个不好的习惯，就是喜欢用辛辣的语言讥讽别人，因此得罪了不少人。伏尔泰由于讥讽摄政王奥尔良公爵而被送入巴士底监狱，在这里接受囚禁11个月的惩罚。伏尔泰吃尽了苦头，知道一些人是不可以得罪的，就要接受这次教训，改变一下自己。于是，伏尔泰到奥尔良公爵家感谢其宽容大量，希望公爵不计前嫌。

伏尔泰当时还年轻气盛，能对自己错误的行为悔过太不容易了。奥尔良公爵也知道伏尔泰是个很有社会影响力的人物，希望两个人能通过这次沟通交好。既然两个人都希望和好，见了面畅所欲言，事情就都圆满了，两个人就相安无事了。可是，在伏尔泰临走之前，站起来对奥尔良公爵说："尊敬的奥尔良公爵，我要非常感谢您的助人为乐，这么长时间以来为我免费提供食宿。"

奥尔良公爵听了不觉愣了一下，心想："怎么又把这不愉快的事情提起来了呢？"于是，仅仅是笑了笑，装作不理解伏尔泰的话。伏尔泰还不罢休，接着说："我向您感谢的同时，也是要告诉您，以后就不需要为我的这些事情操心了。"

奥尔良公爵听了伏尔泰的话，真是有些哭笑不得。

后来，有人问伏尔泰："您去见奥尔良公爵家拜访就是为了让他不计前嫌，对于这件事情都已经释怀了，可您临走前还要说那些话，不是很尴尬吗？"

伏尔泰非常生气地说："你问我，我都不知道该问谁去。让自己的性格改变是一件非常痛苦的事情。"

伏尔泰性格固执，而且还养成了喜欢讥讽别人的不良习惯，这是很难改变的。伏尔泰自己都决定改变了，可是还是做出令人难堪的事情，并意识到让自己改变是非常痛苦的。伏尔泰因为自己的性格和习惯吃了苦头，对其发展是有一定的影响的。所以，对于孩子的不良行为，家长要及时帮助孩子改变，以免成为习惯之后，再要改变就很难了。

有一个木桶定律，就是说明木桶盛多少水不是由最长的木板决定的，而是由最短的木板决定的。一个人如果有某种坏习惯，很有可能就决定了他的失败。所以，家长一定要帮助孩子克服不良行为，让孩子对自己的缺点有所认识，及时改正，养成良好的习惯，为自己的成功之路创造条件。对于任何人而言，要改变自己的缺点都是一件非常不容易的事情。如果不正视缺点，不及时改正缺点，就必然会影响未来的发展。

指导方法：

家长为了纠正孩子的缺点，往往会经常提醒。对自己要求很高的孩子对缺点是记在心里的，家长经常提醒就会错误地认为是家长在责怪自己，因此而缺乏自信，很有可能会产生自暴自弃的表现。家长要能做到以德服人，让孩子知道自己对孩子的关心，接受家长的劝导，逐渐地改正缺点。

家长需要做的是消除孩子的自卑心理，告诉孩子每个人都有自己的优点，也有短处，即便是天才也是如此。要做到取长补短，就会享受到更多成功的快乐，生活就会充满阳光。如果不愿意改变自己的缺点，即便是天才也会面临各种不幸。家长还要指出孩子的优点，让孩子发挥自己的长处，帮助孩子克服自卑心理。之后，家长就要与孩子讨论改正缺点的方法。让孩子知道自己的缺点，以正确的态度对待自己的缺点，才能够理性地改正缺点。对于家长的建议，孩子在经过冷静思考之后，就会坦然对待，寻求解决的方法。

对孩子的缺点，家长不可以直截了当地提出来，最好是委婉地指出来，维护孩子的自尊心，让孩子有认识到自己错误的机会。对于犯了严重错误的孩子，家长可以先夸奖孩子的优点，再指出孩子的缺点，要顾及孩子所处的场合，不要让孩子的心灵受挫。

细节二：模仿的形象

牛顿是非常著名的物理学家。牛顿小的时候并不是聪明的孩子，学习成绩也不是很好，但是他的动手能力非常强，兴趣广泛，在玩游戏的时候会做出各种简单的机械模型，比如木钟、风车等等。关于风车的机械原理，牛顿查阅了很多的书，对此已经掌握得很透彻了，并根据这一原理制作了磨坊的模型，把小老鼠绑在有轮子的踏车上，把一粒玉米放在小老鼠前面够不着的地方。小老鼠着急吃玉米，就会不断地跑动，使轮子转动起来。

牛顿虽然贪玩，但都用于各种小发明上了。自己制作各种“玩具”，玩得很开心。牛顿放风筝的时候，将小灯挂在绳子上，晚上邻居们看见了，还以为是天上的星星呢。牛顿还有自制的小闹钟，就是小水钟，早晨小水钟自动滴水到牛顿的脸上，催促他起床。

随着牛顿一天天长大，想法也就越来越多。他很有绘画的天分，还迷恋上了雕刻。当他注意到太阳的影子会移动的时候，就刻画了日晷，放在家里的窗户台上、墙角处，这样就可以观察太阳的影子移动的状况了。

虽然牛顿的妈妈希望他成为一个农民，可是牛顿喜欢读书，对发明尤其着迷。牛顿读中学的时候，在一位药剂师家里寄宿，对化学试验产生了好奇心，也很乐于探索各种自然现象。他阅读了哥白尼的日心说，还学习了几何学，并详细地做了读书笔记。经过勤奋地学习，最后他终于发现了“万有引力”，成为一位万众瞩目的科学家。

牛顿小时候学习成绩并不是很好，也比较贪玩。虽然牛顿有这些缺点，却没有影响他长大后成为一名真正的科学家，这是因为牛顿保持着自己性格的同时，将自己的贪玩都用于小发明、小创造上了。牛顿喜欢思考，也喜欢读书，喜欢对不解的现象进行探索，这些都是让他有所成就的基本条件。

孩子的缺点在不同的环境中会产生不同的效果。牛顿在药剂师家里寄宿，这对牛顿的影响是非常大的。牛顿在这里接受潜移默化的教育，学会了科学验证的方法，他游戏时制作的各种小玩具不再是用来玩的，而是科学化方向发展，所掌握的知识也被系统化了。

家长要了解孩子的缺点，就要注意观察孩子的日常行为。缺点不是个性，孩子的个性是与生俱来的，很难改变，缺点则可以通过引导的方式进行改变，让孩子的缺点转化为有意义的行为，家长适当地辅导，孩子的心智就会越来越健康。

指导方法：

孩子的缺点很难在短时间内改掉，家长不可以操之过急，为了避免教育没有达到预期的效果而适得其反，采用弹性修正的方法会好一些。家长要善于发现孩子的优点，用温和的语言予以表扬，表示对孩子的支持，逐渐软化孩子倔强的心灵，让孩子有能力辨别是非，提高对自己缺点的认识，就会更正自己的错误。

当孩子自信心不足的时候，家长就可以给孩子讲牛顿的故事、爱迪生的故事，告诉孩子，有缺点并不意味着一事无成，做出卓越贡献的人也会有缺点。为孩子树立“模仿的形象”，孩子时常效法，就会增强自信心，对自己的未来充满希望。

“爱”比惩戒更有效

细节一：将孩子的缺点和优点互换

海伦·凯勒是美国著名的教育家。在她1岁多的时候，由于高烧伤害了脑部，从此之后，她耳朵听不见、眼睛看不见，也无法说话了。这些缺陷让海伦·凯勒在与人交往中无法适应，脾气很暴躁。

在海伦·凯勒的日记中记录了她的童年趣事，无疑这是一个很调皮的小女孩。

海伦·凯勒在日记中说，自己总是为一些小事无理取闹，其实自己心里很明白不该这么做，可就是控制不住自己的脾气。比如，保姆艾拉每天照顾她，她也很喜欢艾拉。可是，脾气上来了，就经常将艾拉踢伤，气消了之后就会心里愧疚。只要事情不顺心，海伦·凯勒就会胡乱踢打，那种疯狂的样子，自己长大之后回忆那段往事都觉得可怕，性情冲动的时候就大脑一片空白，不顾后果。我行我素的海伦·凯勒一次将厨娘刚烤好的饼偷走了，躲在柴堆里吃，结果吃坏肚子了，难受得不得了。海伦·凯勒和厨师的女儿玛莎玩剪纸娃娃游戏，玩久了，就感觉厌倦了，海伦·凯勒就将鞋带剪碎，剪掉忍冬叶子，之后又剪到玛莎那“羊毛卷”的头发。于是，就开始给玛莎剪头。妈妈看见了，急忙上前制止，否则玛莎的头发很有可能被剪光。海伦·凯勒记得最清晰的一件事情就是将自己淋湿了的围裙放在暖炉的火边烘干，为了快点让围裙干，干脆就将裙子放在暖炉上面，结果围裙和衣服都被烧着了。好在家人抢救及时，没有大碍。海伦·凯勒还会将妈妈锁在储藏室里，把钥匙藏起来，就连她的家庭教师莎莉文小姐也没有放过，后来父母搭了架梯子，莎莉文小姐才从窗户里踩着梯子爬下来。

直到莎莉文小姐来到家里后，海伦·凯勒才逐渐地有所改变。开始懂得用各种动作与人交流，了解了生活中的各种事情。当家里有客人来访的时候，海伦·凯勒也会梳妆打扮一番才出来见客人。莎莉文小姐成为了海伦·凯勒的人生导师，母亲的慈爱和智慧给了海伦·凯勒莫大的帮助，让海伦·凯勒健康成长起来。她知道，每个人都是非常爱她的，所以，海伦·凯勒也不愿意让爱她的人失望。

后来，海伦·凯勒完成了大学的学业，开始致力于残缺儿童教育工作，用写作充实自己的生活。《我的一生》就是海伦·凯勒的处女作。

海伦·凯勒小时候是很调皮的孩子，可是家人并没有放弃对他的教育，而是用温暖感染着孩子，让孩子知道大家都是爱她的，后来还请了家庭教师，对海伦·凯勒采用了合理的教育方法，让海伦·凯勒健康成长起来。

家长都希望孩子乖巧，但是，孩子的缺点是不可避免的，孩子的个性是难以改变的。家长对于孩子身上不容易改变之处就要从不同的角度审视，缺点很有可能也是优点。比如，内向的孩子看起来很听话，听话的原因很有可能是意志太薄弱，遇事没有主意，依赖性很强，爱哭。个性活泼的孩子比较开朗，但也调皮，做事情心不够细。所以，家长仅从孩子的一个方面判断孩子的优、缺点是武断的。

优点与缺点是共同存在的。一个缺点反映在一方面上可以界定为缺点，从另一方面来看就很有可能是优点。对于孩子表面上的缺点，家长要将其中蕴含着的优点挖掘出来，家长需要做的就是让孩子认识到自己的潜能，将缺点消除，放大优点并合理利用。

家长要习惯于发现孩子的优点。看孩子的视角发生改变了，对孩子的评价也会发生改变。孩子有缺点是正常现象，要改变也不是一两天的事情。转变一下思维，注重抓优点，发展孩子的潜能，让孩子获得成就感，对自己充满自信。

当孩子忧虑自己的缺点的时候，家长要安慰孩子，这个缺点其实也可以转化成优点，采用这种正面肯定的方式能避免孩子钻牛角尖，让孩子乐观开朗起来，消除孩子的烦恼。

“君子居其室，出其言善，则千里之外应之，出其言不善，则千里之外违之。”每个孩子都各有不同，都有缺点和优点，家长应持有积极正面的态度，不能只从某一个方面判断孩子的缺点，还要发现其中优秀的一面，引导孩子将优秀的一面发挥出来，促使孩子进步。

细节二：对孩子适当地采取惩戒措施

淘淘7岁了，上学的时候总是丢三落四的，甚至会把课本忘在家里，爸爸或者妈妈就要跑到学校将他落下的东西送去。对于孩子的这一点，父母都很烦恼。当妈妈让淘淘上学出门之前检查一下自己带的东西是否齐全的时候，淘淘还会表现得不耐烦。

淘淘的妈妈在一次同学聚会的时候，说起自己孩子的这个缺点就叹气。一名同学说：“你没有给孩子适当的惩戒吗？”

淘淘的妈妈说：“我都是给他讲道理，可好像他都听不进去。不是说惩戒孩子是错误的教育方式吗？”

同学说：“孩子是需要适当惩戒的，你给他讲道理，他未必能听得懂，况且，孩子注意力集中的时间还不超过15分钟，你说了很多，他都没有听进去呀，怎么能起到教育作用呢？我的孩子在这个年龄的时候也非常不听话，我就罚她做一些力所能及的家务，擦地呀、刷碗呀。一次，我在洗衣服，告诉孩子快点写作业，等我洗完衣服了我们一起去公园玩。结果孩子一直都在玩，我的衣服都洗完了，她还没开始写呢。我很生气，就告诉他，今天公园游玩的计划取消。如果还这么不听话，下周也不能去。”

淘淘的妈妈说：“起作用了吗？”

同学说：“孩子都很喜欢玩，要让他们知道做错事就要付出代价，他们就会极力争取，当然在行为上更为自律了。”

教育孩子是以爱为中心展开的。爱孩子并不意味着没有惩戒。不对孩子适当地惩戒，就会使孩子变得以自我为中心，缺乏抗挫折能力。自私而任性的孩子走入社会中就会犯更大的错误。对于孩子的错误，家长不惩戒，就要等着社会的惩戒，最终害了孩子，很多的悲剧就是这样酿成的。

苏联教育家马卡连科曾经说过，合理的惩罚制度不仅是合法的，而且也是必要的。对孩子合理地惩罚，不伤害到孩子的健康，可以锻炼孩子的意志，让孩子更有责任感，而且还提高了抵制各种诱惑的能力。可见，家长在爱的教育中适当使用惩戒是很聪明的做法。

指导方法：

惩罚孩子的目的是让孩子知道错误在哪儿，以后不再犯这样的错误。在对孩子惩罚之前，将惩罚的原因说清楚。当惩罚完毕后，要再次强调一遍孩子犯的错误。惩罚一定要及时，而且必须要兑现，让孩子产生负罪心理，才能获得教育效果。

家长对犯错误的孩子采用惩戒方法的时候，不可以用恐吓的语言管教而不落实到行动，要从爱出发，做到赏罚分明。奖励的同时伴随着惩罚，可以对孩子的不当行为予以控制，避免孩子养成任性的习气。

家长对孩子的惩戒要适当。一味地惩戒会让孩子懂得“察言观色”，在为人处世上变得世故。适当地惩罚孩子，不要让孩子对惩罚习以为常，就会服从家长的惩罚，知错改过。

孩子缺点的纠正方式

细节一：不要采用压制的方法

王希自从上初中以来，对钢琴练习就不那么认真了。妈妈要求王希只在周日练琴，练琴的时间是上午30分钟，下午30分钟。可是，孩子到练琴的时间了，就磨磨蹭蹭的，妈妈催了几遍都不愿意弹。由于每周练琴的时间短了，孩子的弹琴质量明显降低了，可是妈妈希望孩子能坚持下去，毕竟这是一项特长。

看着女儿实在不愿意弹的样子，妈妈耐着性子说："最近弹的是肖邦练习曲，是不是难度太高了些。写完英语作业，弹弹琴可以放松一下，不是劳逸结合吗？"

王希听着妈妈苦口婆心地劝说，非常不情愿地做到钢琴旁，有气无力地弹着。妈妈轻声说："腰要直，手要放松，看看你的坐姿一点儿都不优美。"

妈妈也知道，孩子带着情绪练琴效果不会很好，可是，如果这一次妥协了，不让她练琴，就很难坚持下去。等王希练完琴之后，妈妈给她削苹果吃，还从冰箱里拿出来一杯酸奶递过去。妈妈用温和的语气对女儿说："练琴是一定要做的事，为什么不开心一些呢。学习的时候，有好的学习态度才会保证学习质量。自己学习上的事情，要对自己有要求才对呀。每天都让妈妈催促着学习，怎么能进步呢。"

女儿听了点点头，妈妈没再说什么。妈妈知道，道理讲多了就成了唠叨，女儿听着也是心不在焉。所以，就尽量挑重点说，让女儿知道妈妈的意图就可以了。

初中的孩子都已经有自己的想法了。家长就要尊重孩子的想法，放手让孩子自主学习，指导孩子从实践中积累经验，当孩子需要家长帮助的时候，就会提出来，家长可以提供合理的建议，不可以强迫孩子服从。

案例中，妈妈让王希练琴，王希非常地不情愿。妈妈已经非常生气了，压抑着自己的情绪没有训斥孩子，而是采用了交流的方法鼓励孩子练琴，让孩子知道自主学习才能保证学习质量。琴是一定要弹的，如果练习效果不好，一切都是徒劳的。

为了孩子的健康成长，家长要与孩子平等相处，尝试着做孩子的朋友，提高孩子对家长的信任度，不可以用权威压制孩子。孩子对家长持有尊重的态度，就会考虑家长的建议，遇到问题主动与家长交流，孩子才能更好地成长。

指导方法：

家长采取高压的教育方式，孩子不能反对的情况下就会选择服从。当孩子养成了服从的习惯后，不仅思考能力和独立判断能力被压制，而且还不具备自我分析能力，做事情上缺乏自信心，就变得优柔寡断。

家长要与孩子平等相处，对于孩子的问题要与孩子商量解决，让孩子产生参与感，针对自己的看法积极与家长交流，这样孩子也会更努力地投入到学习中。

孩子的思考能力对其成长的影响非常大。家长作为孩子的辅导者，要注意培养孩子的思考能力。随着孩子思想的成熟，对于问题的分析能力和判断能力就会有所增强。所以，家长采用与孩子沟通讨论的方式，鼓励孩子发表自己的观点，让孩子观察自己、了解自己，对自己准确定位。孩子的心智全然放开了，思想上就会逐渐成熟，与人合作的能力、协调的能力就会增强。

细节二：用自言自语的方式暗示缺点

王献之在书法上继承了父亲王羲之很深的造诣。王献之在很小的时候就对练字情有独钟，特别喜欢向父亲学习书法，非常勤奋。王献之在隶书方面更为突出，还有绘画的天分。王羲之看到王献之在学书法时专心的样子，就夸奖儿子将来一定会在书法上有成就的。王献之听了父亲的夸奖，就有些骄傲自满了。

一天，王羲之的朋友来做客，听说王献之的书法很好，就让王献之在折扇上题字，一不留神，一滴墨水将字迹污染了，王献之就利用墨迹画了一头栩栩如生的小牛。在场的人都说王献之的绘画功夫很好。王献之有些飘飘然了。

王羲之意识到了这一点，就让王献之练五年的书法。等王献之将写好的字给父亲看的时候，父亲都不太满意，就在最后的一个字上点了一个点。王献之将自己所写的字给母亲看，母亲看了很长时间，当看到最后一个字的时候，就自言自语地说，我的儿子为了练字用尽了三缸水，只有这一点像父亲。

王献之听到母亲的话，心里很惭愧，就开始刻苦练习写字了，共耗尽了18缸水，写的字笔力道劲，达到了纯熟完美的境界。后人将王羲之和王献之并称为“二王”。

王献之从小就展示出了书法和绘画的才华，在众人的夸奖下不免骄傲自满。王羲之夫妇为了将儿子的“骄傲”情绪磨掉，母亲就用自言自语的方式暗示孩子的缺点，让孩子知道自己的功力还不够，还要努力学习。王献之是非常聪明的孩子，通过母亲的话语就领悟到其中的含义。

孩子在学习中得到夸赞而产生骄傲情绪，对孩子的成长是非常不利的。明智的父母就要将孩子的这种缺点及时指出来，指导孩子纠正错误，让孩子踏实学习。

当家长将孩子的缺点指出来的时候，如果孩子对自己的要求很高，就会过于敏感而伤了自尊心。家长采用这种自言自语的方式，不仅可以维护孩子的自尊，而且还让孩子认识到自己的缺点，可以引导孩子及时改正。

指导方法：

父母是孩子最可信赖的人，孩子对父母也会产生依赖感。父母的语言暗示对孩子的指导作用是非常大的。采用自言自语的方法将孩子的错误指出来，可以偶尔使用，不可以过于频繁，如果让孩子感到父母是有意为之，就会产生厌烦的情绪。太多的“自言自语”就成为了唠叨，孩子一旦对这种教育方式反感，就难以发挥暗示孩子改正错误的作用。

家长在纠正孩子错误行为的同时，还要严格要求自己，让自己成为孩子学习的榜样，成为孩子效仿的对象。孩子为了成为家长一样优秀的人，就会更加努力完善自己。

家长用自言自语的方式暗示缺点，要用鼓励的语言，不可以责备孩子。自言自语的目的是为了让孩子接纳，用责备的语言就会让孩子反感，很难接纳。

自言自语是为了暗示孩子，起到教育孩子的作用，注意不可以将别的孩子与自己的孩子比较，避免孩子认为父母嫌弃自己而自卑，不利于孩子的身心健康。

特殊手段解决“特别问题”

细节一：对于孩子的反抗采用威胁的方式

《心灵捕手》是美国的一部励志电影。影片中的男主角威尔是麻省理工学院的清洁工，也是一名数学天才。数学教授蓝波在公布栏上写了一道非常难解的数学题，这名清洁工答上来了。蓝波教授发现这名天才之后，决定对其进行培养的时候，威尔由于打架滋事被抓起来坐牢。蓝波教授爱才心切，将其保释出来。

对于威尔的叛逆，蓝波教授请了很多的心理专家，都没有奏效。蓝波教授在无可奈何之下，请了自己的好友西恩，这是一位性情古怪的心理学教授，每天深居简出。从此，威尔和西恩之间展开了心灵角力战争。

西恩对威尔进行心理辅导中，对威尔说：“除非你谈自己，说你是谁，那我就着迷，我愿意加入。”威尔有着不幸的童年，被虐待的心理阴影一直伴随着他，让他将心灵之门关闭，任何人都无法了解他。西恩用了各种办法想要打开这个顽固的年轻人的心扉，可是，得到的是威尔的羞辱。当西恩问威尔的志向的时候，威尔没有认真回答，而是对西恩敷衍。

西恩毫不留情地对威尔说：“你只是个孩子，你并不知道自己说了些什么。”西恩的每一句话都能刺激威尔的大脑，他说：“你可能会提出有关米开朗基罗艺术

书籍中的粗浅论调，但是，你没有去过西斯廷教堂，不知道里面的气味，没有站在那里观赏过美丽的天花板。关于战争，你能说出莎士比亚的‘共赴战场，亲爱的朋友’，可是你没有接近过战争，你对战争没有深刻的了解。……你的聪明自信我没有看到，在我面前的是被吓傻的狂妄孩子。你是天才……你的感受，你是谁，……我不在乎。”

西恩走到屋门前，很愤怒地将门敞开，对威尔说：“不要浪费我的时间，你走吧！”

西恩的言辞和举动对于威尔而言无疑是一种威胁。威尔心理上是孤独的，虽然是个天才，但是缺乏自信心，加之童年的挫折，威尔用封闭自我的方式将自己保护起来。西恩让威尔离开了。威尔走出房门，没有说一句话，因为他开始反思自己的言行举止，最终理解了西恩，过去的都该过去了，过去的事情不是自己的错，而自己却一直背着心理包袱逃避人生，糟蹋自己的才华。威尔认识到，人生只有一次，无论发生任何事情都要勇敢面对，要选择属于自己的人生道路并坚定地走下去。

案例中的威尔是被家庭抛弃和受虐待的孩子，威尔认为这是自己的错误。按照威尔的逻辑，因为自己是天才，所以才会受到这样的待遇，是“天才”的错误思想害了他，所以，他逃避展示自己的才华，宁愿让自己平庸。当西恩为威尔进行心理治疗的时候，威尔的反抗情绪是非常强烈的，即便西恩用了各种方法，威尔依然封闭自我，甚至用侮辱的语言刺激西恩。对于威尔的反抗，西恩并没有放弃，而是开始采用了反击的方式，对威尔使用了威胁的手段，告诉威尔，即便他是个天才，在他眼里也是个只知道高谈阔论的小子，他不配与自己谈话。于是，将威尔从房间里撵出去了。

威尔特殊的童年经历让他的生活一片黑暗。他的自闭、反抗都是童年的阴影导致的，也不排除有青春期的叛逆心理影响。

当孩子进入青春期，叛逆心就会比较强。这是因为孩子的独立意识增强，希望不再受到父母的约束，更不愿意父母依然将自己当作小孩。孩子的叛逆是为了将自己更为“非凡”的表现展示在别人面前。

叛逆期的孩子喜欢处处与大人对立，不听话。虽然孩子的行为很令人烦恼，却又找不出什么错误。对于这个成长阶段的孩子，如果孩子的反抗意识非常强，可以适当地使用威胁的手段，就如西恩对待威尔一样，不再与他交流，告诉他与无理取闹的孩子交流是没有意义的。恰恰是用这种方法，可以让孩子静下心来反思自己的行为，认识到独立意识不意味着与家长对抗，而是要正确面对现实，独立处理问题。当孩子把一切都想明白了，就会“改邪归正”了。

指导方法：

对于任性的孩子，家长采用打骂或者训斥的方法管理孩子，就会导致孩子与家长对抗。家长要分析孩子反抗的原因，将孩子心里的想法揭露出来，告诉孩子他的心思家长是知道的。如果孩子依然很固执，家长就可以采用不予理睬的方式进行威胁，不再给孩子交流的机会。当孩子感到父母对于他的无理取闹并不在意的时候，就会稳定情绪，反思自己的错误，自主改正。

孩子集中注意力的时间短，对于孩子的任性行为就可以采用转移注意力的方法。当孩子对家长的建议持有反抗态度的时候，家长要表示理解，但是，一定要约束孩子的行为，让孩子知道自己的反抗是错误的，要对自己的错误负责。家长用批评的语言告诉孩子如何做是正确的，如果依然不起作用，就要转移话题。比如，孩子在游乐场玩，家长要回家而孩子执意不肯。家长就可以对孩子说：“如果不听话，就再也没有机会来游乐场玩了。”孩子就会听家长的话，乖乖地跟着家长回家。

细节二：将孩子不符合实际的要求消除

王佳上初中了，老师让学生写一篇作文，题目为《长大了要做什么》。孩子回到家里跟父母说了老师留的作文。爸爸对这个作文题目很感兴趣，问女儿：“你长大了要做什么呢？”

王佳说：“我长大了要当医生，而且还要当心脑血管医生，给奶奶治病。”

奶奶在一旁听到孩子说的话，就笑着说：“真是懂事的孩子。”

妈妈说：“记得上小学的时候，你是说长大了要当幼儿园教师的呀，和小朋友们在一块儿玩，多开心呀！”

王佳说：“现在觉得和小孩子在一起没有意思了，我要当医生，给人治病。”

爸爸笑着说：“当医生就要好好学习呀，考医科大学的分数可是很高的哟！当医生也要非常勇敢，要给病人包扎伤口，还要做手术……”

爸爸的话让王佳犹豫了。王佳胆小，看到小狗的腿受伤了，都不敢靠近。可是，王佳还是不愿意放弃，她说：“从明天开始，我就要做一名宠物小医生，专门给小区内的受伤小狗包扎伤口，你们看到谁家的小狗受伤了，一定要告诉我呀。”

爸爸笑起来，说：“你都没有专业学过，怎么会处理小狗的伤口呢？”

王佳说：“看电视剧里的情节学了一些。”

爸爸让王佳坐在身边，对王佳说：“现在你还小，长大了要做什么都是你现在的梦想。梦想是你学习的动力。况且，你还要上高中、读大学，随着见识多了，视野宽阔了，梦想也有可能改变。所以，在写作文的时候，不要有心理负担，表达自己的真实想法就可以了。主题要切合实际，理由要充分。如果你长大了要当医生，就要写明白自己为什么要当医生，自身有哪些条件可以让自己实现当医生的愿望。”

爸爸的话说完了。王佳思考了一会儿，说：“爸爸，我懂了。我不要给小狗包扎伤口了，我怕做不好反而伤害到它们。”

爸爸点点头。

孩子的视野比较狭窄，想法更单纯一些，会想当然地对家长提出各种要求。对于一些不切实际的要求，家长就要予以否决，让孩子能从实际的角度思考问题。

案例中王佳的想法就很简单。她长大了想当医生，这是她美丽的梦想，但是说到学习包扎伤口，她要用小区的小狗练手，这就很不恰当了。且不说小区中的小狗是不是有受伤的，自己不懂得包扎就要这样做，就是不负责任的态度。对于这样的单方面要求，家长就要想办法帮她消除。王佳爸爸的做法就是让孩子想明白，当医生没有问题，可是自己具备哪些可以当医生的条件呢？不懂的事情当然也是做不好的。

爸爸让孩子知道他的要求是不符合实际的，当孩子想明白后，就消除了这种想法。

孩子有丰富的想象力，容易受到不同环境的影响产生各种想法，并不会考虑这些想法能否实现。家长就要注意正确引导，让孩子在有想法的同时，还要考虑到实现的可能性，否则想也是空想，无法实现的想法不仅浪费时间，也浪费精力。

孩子为了实现自己的想法，必然会给家长提出各种要求。家长就要引导孩子取消这些要求，做好现在该做的事情，专心致志地读书才是最重要的，否则即便家长满足了孩子的要求，想法也仅仅是想想罢了，不会转变为实现。

指导方法：

当孩子的要求不切实际的时候，家长不必过于紧张。从儿童心理学的角度而言，孩子对周围的人会不自觉地产生趋同心理，并不会考虑自身的条件。发现条件不具备的时候，孩子就会向家长提出要求。一些要求是不切合实际，家长要采用适当的方式拒绝孩子的要求，并将拒绝的原因告诉孩子。

孩子提出不符合实际的要求在很多时候是盲目跟风的结果。家长就要给孩子树立榜样，让孩子意识到自己是独立的个体，有别人所不及的优点，提高孩子的自信。发挥榜样作用相比较于语言交流，效果会更好一些。

第 10 章

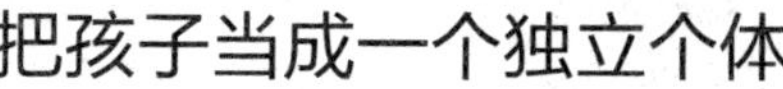
把孩子当成一个独立个体

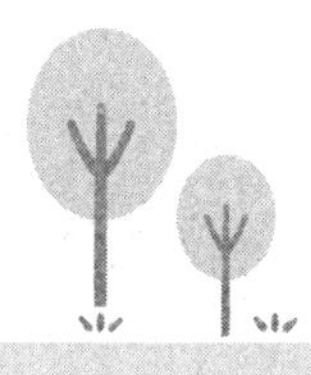

对孩子的主观能力表示认可

细节一：让孩子自主完成分配的任务

“五一”劳动节，女儿的老师要求同学们回家帮助家人劳动。劳动的内容随意，然后写一篇小作文讲述劳动的内容和感想。每年劳动节休息我们都要把孩子的奶奶接过来一块儿过，今年也不例外。既然孩子要参与家里最有意义的劳动，我就组织全家人包饺子，女儿也参加。这还是女儿第一次包饺子呢，她很开心。我说：“看到饭桌上有自己的劳动成果，就会胃口大开。”

下午，我们全家人包饺子，奶奶教孩子，只见奶奶把饺子馅放到饺子皮里，轻轻一捏，元宝形状的饺子就成型了。女儿学着奶奶的样子包饺子，也是轻轻一捏。看着饺子的样子，自己都笑了，这饺子长得好丑哦。

我说：“谁包的饺子谁吃哈，你包的很容易辨别。”

奶奶说：“这是我孙女的处女作，已经够好的了。没关系，我们再接再厉。”

女儿又包了一个饺子，还是那么地丑，脸色变得难看了，说：“不学了，包饺子很难学。”

奶奶说：“是你放的馅太多了，这次少放点。做事情怎么能半途而废呢。多包几个，饺子就越来越漂亮了。”

在奶奶的鼓励下，孩子一个接一个地包，逐渐地就找到了包饺子的规律，也像奶奶的样子，将饺子皮轻轻一捏，一个元宝一样的饺子就产生了。女儿很高兴，大声喊道："我会包饺子了，会包饺子了！"

我开始煮饺子了，女儿站在我旁边，看着一个个饺子像小船一样在水面上飘来飘去的，非常开心，一会儿告诉我，这个饺子是我包的，一会又说，那个饺子也是我包的。还说："我包的饺子都做了记号，我一定要吃自己包的饺子。"

晚上，女儿把下午包饺子、煮饺子和吃饺子的经历写成了作文。

一些经济发达国家对孩子的教育中，让孩子自食其力是一项重要的内容。美国的教育中，鼓励孩子通过出售他们的"商品"赚取零用钱，一些孩子还会捡一些可回收的废物卖给废品回收站，赚点零用钱。美国的学校教育中主张孩子要花自己赚的钱。日本也一样，鼓励孩子在课余时间从事劳动，比如，到饭店当小时工、照顾老人等等，为自己赚取学费。中国目前依然以独生子女居多，家庭经济条件较好，孩子上学的吃穿用度都由家长包办，这就导致孩子缺乏独立生活意识。

案例中，孩子参与了包饺子的劳动。看着奶奶包饺子的样子，觉得这个并不难。可是，自己包饺子的时候，就出现了很多的问题，要么是长得很难看，要么就是馅放多了，多次的尝试之后包的饺子才像模像样。

孩子自己完成了包饺子的任务，看着自己煮的饺子下锅，非常开心。如果孩子觉得包的饺子不好看就半途而废，就永远都学不会包饺子。对别人的依赖心理非常强，遇到困难就要放弃，环境适应性就会很差，对孩子的成长非常不利。

指导方法：

犹太人对孩子的教育原则是：再富也不能富孩子。当孩子在成长中吃点苦头之后，就知道要对自己的成长负责，对自己应该完成的任务就会认真对待。家长需要做的是为孩子提供“台阶”，让孩子有条件完成任务，自己不断地登着台阶往上爬，当孩子全力以赴完成任务了，也就意味着爬到了顶点。

在孩子执行任务的过程中，要告诉孩子做任何事情要持之以恒，不能半途而废。孩子做事情的时候，家长要将主动权给孩子，让孩子自主完成任务。即便孩子在完成任务的过程中会产生放弃的心理，会有不满情绪，家长都不可以对孩子表示怀疑，更不可以强迫孩子，给孩子自主成长的机会。

希望孩子完成所分配的任务，就要孩子对任务感兴趣，孩子完成任务后会产生成就感。也有很多人说，人生最大的快乐是娱乐。但娱乐只是忙碌后的放松，让疲惫的身心得到释放，但长时间的娱乐会使人产生心理空虚感，甚至还会感到恐慌。当人在辛苦劳动后获得了成就，就会产生自豪感，这也是最快乐的时候。为了让孩子完成任务，家长要大力支持，还要适当地鼓励。任务的难度太大，家长可以指导孩子掌握一些方法，让孩子坚持完成任务。当孩子看到自己做得越来越好后，就会充满自信，从为了完成任务转向因感兴趣而执行任务。

细节二：让孩子表达主观思想

妈妈做饭时，刘心给妈妈帮忙。妈妈切菜的时候不小心用刀刃碰到了手指，鲜红的血流出来了。正在低头洗菜的刘心听见妈妈“哎呀”喊了一声，下意识地回头看，看到妈妈的手指破了，就愣在那里，不知所措。

妈妈为了尽快将血止住，就快速地将小药箱找出来给伤口消毒，然后在伤口处缠上创可贴。刘心只是跟着妈妈，在一旁默默地看着，没有说话，也没有做什么。

妈妈心里想：“女儿好像不关心我的样子。她平时很依赖我的呀，寸步不离的，怎么看见我受伤了，没有什么表示呢，难道是不知道怎么表达自己的想法吗？”

自从这件事情之后，妈妈开始注重培养刘心的表达能力。奶奶要过生日了，刘心想为奶奶庆生。妈妈问她：“奶奶生日，你要送什么礼物给奶奶？”刘心说要送披萨饼给奶奶吃，妈妈非常赞成刘心的想法，建议她："奶奶最疼你了，你不如自己动手做一个吧！"刘心听了有点犹豫，说自己不会做披萨。妈妈回答道："我教你做。"第二天一早就主动教她做披萨饼，刘心慢慢学会了，非常开心，并保证一定让奶奶过生日的时候尝尝自己的手艺。妈妈对孩子的这个想法非常支持，就告诉孩子奶奶在饮食上的喜好，让孩子自己做。

奶奶过生日的这一天，刘心送给奶奶一个礼盒，奶奶打开一看，是大大的披萨饼，上面还用奶油写着"奶奶生日快乐"，奶奶高兴极了，说孙女长大了，也懂事了，知道给奶奶做好吃的了。在场的家人都夸奖刘心是个孝顺的好孩子。

孩子的主观思想表达能力不是与生俱来的，而是需要后天培养的，使他能够用正确的方式将自己的情感表达出来。中国人讲究含蓄，内心的情感不外露。但时代不同了，孩子总是要走入社会的，如果不能正确地表达自己的主观思想，就难以与人沟通，就会失去很多关乎孩子发展的机会。

孩子可以用多种方式表达自己的想法，但是无论采取什么方式，自己所传达的思想信息都要被对方所理解和接受，否则，就意味着情感无效传达，影响孩子的沟通。家长对孩子的主观思想表达能力的培养要高度重视，增强孩子的合作精神和与人协作的能力。

指导方法：

让孩子接受帮助的时候说"谢谢"，这是最基本的主观思想表达，即便是父母给予的帮助，孩子也要对父母表示感谢，父母报以微笑。家长让孩子有表达主观思想的机会，孩子就会得到训练，表达能力也会提高。

家长要让孩子积极主动地表达自己的思想。有的孩子比较胆怯，心里有却不能勇敢地表达。此时，家长就要鼓励孩子，告诉孩子："只要是真情实感，就会被人接受，而且还会表示理解和感激。”

家长要注重孩子语言表达能力的培养。语言是人与人交往中重要的交流工具。家长要指导孩子看书，让孩子接触多领域的知识，在表达主观思想的时候，灵活运用这些知识，孩子的语言表达中，传达的信息就更容易被人理解。

培养孩子的交往能力

细节一：让孩子接触社交场合

王爽从小就学习唱歌、绘画、钢琴等等，都学得很好，可谓是多才多艺了。可是，每当家里来客人的时候，爸爸妈妈让她表演，她就怯生生的，还会找各种借口拒绝。爸爸妈妈都很不理解，这个孩子平时不是很腼腆的呀，怎么在客人面前就不愿意展示自己优秀的一面呢。

王爽的爸爸一次参观漫画展，看到一幅漫画，内容是一名老农拽着一头小牛，说："不下田，怎么能学会耕田呢？"在小牛的后边也站着一个人，戴着眼镜，看起来很有学问的样子，说："不知道怎么耕田，怎么能下田耕作呢？"

王爽的爸爸突然明白了，作为家长，没有给孩子机会锻炼自己在众人面前表演，面对客人的时候，必然会怯场。

此后，当父母聚会或者有社交活动的时候，就会让王爽一同参加。王爽接触的人多了，对于各种场合都能适应了，就能大方地在客人面前表演了。

家长都希望自己的孩子是优秀的。事实上，与优秀相比较，孩子敢于表现是更为重要的。我们身边是不是会看到这样的孩子：在家里很会说话，可是离开了家在其他的场合中，或者有客人来家里，就表现出胆怯的样子。

有心理学家指出，要让孩子有勇气表达观点，就要让孩子经常接触社交场合。孩子接触的场合多了，视野得以扩展，对陌生环境的适应力增强，就能逐渐消除心理上的不安，懂得如何与客人交流。

指导方法：

孩子不愿意表现自己是缺乏自信，担心别人不会欣赏自己。对于这样的孩子，家长就要让孩子接触各种环境，认识到社会交往能力的重要性。当孩子在家人面前表现自我的时候，家长就要予以鼓励，让孩子要自信。

给孩子创造展示自我的机会。当孩子在社交场合展示自己而得到赞许的时候，就会更勇敢地展示自我。家长让孩子接触社交场合，要从孩子熟悉的场合开始，所有在场的人都是孩子认识的，孩子就会放松，不断地展示自我，不断地收获赞美声，就会更加努力，让自己更为完美。

家长在对孩子的教育中，要从多方面培养孩子，还要尊重孩子的意愿，不可以按照自己的想法对孩子提出要求。孩子在各方面都表现突出，在社交场合中将自己的优点展示出来。孩子得到赞许会很开心，良好的情绪必然可以减轻家长对孩子的教育压力，孩子能够做到不怯场，就会越来越优秀。

家长体谅孩子感受的同时，鼓励孩子多交往。父母不可以强迫孩子做事，也不能因为没有对别人打招呼就训斥孩子，而是根据孩子的具体情况帮助他克服不良情绪，就可以引导孩子围绕着主题谈话。

家长有闲暇时间就要陪孩子玩，对孩子的思想和行为了解透彻，根据孩子的成长需求对孩子的培养模式做出调整，让孩子在群体中提高交往能力，以便在长大后更好地适应社会。

细节二：将孩子介绍给客人

前不久去同学家做客，一进门，同学的家人就都向我打招呼，同学一一介绍。他的儿子已经8岁了，同学介绍说："这是我的儿子阳阳。"之后把我介绍给孩子。孩子很懂事，笑容满面地和我打招呼。

同学把我让到客厅坐下，阳阳坐在妈妈的旁边。这时候，阳阳的爸爸走到客厅，端了一盘橘子，阳阳就走到我面前，给我拿了个橘子，还帮助剥橘子皮。

我和阳阳聊了几句。阳阳起身说："阿姨您坐着，我去写作业。"之后，就笑着走了。

看着同学的儿子大方的样子，很讨人喜欢。在与同学谈话间，我就问同学："你是怎么把孩子教育得这么有礼貌的？"

同学不由得笑起来，说："给孩子锻炼的机会呀。阳阳从上幼儿园开始，我就锻炼他了。其实很简单，当有人敲门的时候，开门见有客人来了，就让孩子问候客人，说'您好'。把客人请进来，就让孩子招呼客人坐下，给客人拿点东西吃。父母给客人倒水的时候，可以让孩子去拿水杯。让孩子陪客人聊一会儿，谈谈自己的生活和学习情况，也可以展示一下自己的才艺，唱歌、跳舞，或者将自己制作的小作品拿给客人看。当客人走了后，让孩子送客人到门口，说'再见'。我儿子在待人接客方面都已经养成习惯了。"

我说："难怪这孩子像个小大人似的，很聪明。"

在同学家坐了一会儿，我起身准备走了。

同学的家人都出来了，他儿子出来把我送到门口，打开门，说："阿姨再见，有空多来坐坐。"

中国的家长往往没有将孩子看作独立的个体，也没有让孩子拥有独立的人格。通常家里来客人的时候，家长并不会向客人正式地介绍孩子，孩子也不会以主人的身份接待客人。如果家里来客人了，孩子恰好在父母的身边，家长往往用命令的语气对孩子说：“去写作业，我们要谈话。”或者说：“阿姨来了，怎么不打招呼？”于是，孩子就象征性地向客人招呼一声。多数情况是孩子自己做自己的事情，就好像什么都没有发生一样，家长也没有任何的互动。

一些国家的待客之道是，家里只要有客人来，所有人都会出来打招呼，先介绍家里的长辈，然后将家人一一地介绍给客人，即便是小孩子也不例外。将孩子介绍给客人的时候，孩子要与客人热情地打招呼，并与客人握手。

礼仪是文明的重要内容。孩子学习待客的礼仪，可以使孩子知礼仪、行礼仪。接待客人是培养孩子社会交往能力非常好的机会，可以提高孩子的自信心，让孩子懂得自重、自爱，树立独立意识。

指导方法：

孩子喜欢模仿家长，家长就要让自己成为孩子的好榜样。有教养，见人大方、有礼貌的孩子，并不是天生如此，而是后天培养出来的。家长的言行举止对孩子的影响非常大。家长讲礼貌，孩子就会效仿。比如，家长对来客热情地接待，问候客人，给客人端茶等，孩子看到了就会模仿，自然也就懂得待客之道了。所以，家长要以身作则，给孩子做示范，孩子自然就学会了。

家长在客人面前要介绍孩子的姓名，客人在与孩子交谈的时候，就知道如何称呼孩子了，这样可以让客人与孩子之间的交流更为顺畅。

家长在介绍孩子的时候，要将孩子看作是家庭的主人，给孩子以人格上的尊重。向客人介绍孩子的内容中，除了姓名，还有必要介绍孩子的学习情况，比如在哪所学校读书、孩子的特长、个人兴趣等等，这样会让孩子在客人面前更有自信心。

提高孩子的责任感

细节一：让孩子自主整理物品

老师要求班级里的学生每天都要自己带着小手绢。一天，一名学生忘记带手绢了，老师在早晨检查手绢的时候，问："今天怎么没有带手绢呢？是上学着急走，忘了检查自己需要带的东西了吗？"

这名学生说："都怪妈妈，早晨催着我快点走，说要迟到了，忘了把手绢放在书包里了。"

听了这名学生说的话，老师说："带手绢不是你自己应该做的事情吗？责怪妈妈是不对的。"

这名学生说："我每天上学需要带的东西都是妈妈准备的，手绢也是妈妈每天洗好、晾干之后放在我书包里。"

老师听了这些话有些哭笑不得，快步走到教室的讲台上，面对所有的学生很严肃地说："同学们都已经是小学生了，要每天自主整理好自己的物品，每天晚上睡觉之前都要将第二天上学需要带的东西整理好，早晨上学之前还要检查一遍。不仅是上学的物品，在家里的生活用品，也要自主整理，不要等着爸爸妈妈整理。不知道怎么整理的可以向爸爸妈妈请教，自己能做的事情都要自己做，同学们都要独立起来。"

案例中，学生因为忘了带手绢而责怪妈妈，老师告诉学生自己的事情要自己做。孩子没有自主整理物品的意识，缺乏独立自主能力，是由于家长在教育孩子的过程中，将教育局限于孩子的学习方面，忽视了对孩子的生活教育，将需要孩子自己做的所有事情都包办了，导致孩子缺乏责任感，也不知道对自己的行为负责。

著名的教育家陈鹤琴认为："凡是孩子自己能做的事，让他自己去做。"在家庭教育中，培养孩子的独立意识从让孩子自主整理物品开始，让孩子对自己的生活负责，还有助于培养孩子的劳动习惯。包括叠被子、整理书桌和书包、洗衣服等，都可以让孩子尝试着自己做，让孩子体验生活内容，养成自己的事情自己负责的思维习惯。家长包办代替是忽视孩子德育教育的表现，对孩子的成长是没有好处的。

指导方法：

马克思曾经说过："教育与生产劳动相结合是造就全面发展的人的唯一方法。"孩子长大都要走向社会，家长的责任就是培养孩子的劳动能力，让孩子接受教育，将孩子培养成为全面发展的社会人。孩子统统对一件事情缺乏持久性，让孩子自己做事情时，家长就要经常用鼓励的话语提醒，激发孩子自己做事的兴趣，让孩子养成做事情坚持到底的好习惯，培养孩子的责任感。

培养孩子的自立能力从整理他自己的物品开始，孩子自己的东西家长不要代为整理，让孩子自己整理，找不到的东西让他自己找。让他好好回忆自己用过之后放在哪儿了，让孩子知道自己的东西要自己整理，还要掌握整理的方法，以便使用的时候能够及时找到。

孩子自己力所能及的事情家长一定不要代劳，让孩子自己照顾自己的生活。家长可以指导孩子有条理地做事情，培养孩子的时间观念，这样会让孩子在做事情的时候思维更为清晰。孩子养成劳动的习惯，对其成长是具有积极意义的。

细节二：带孩子出门旅行

一位朋友喜欢旅行，为人父之后也是如此，从孩子4岁开始，就带着孩子到处旅行。全国各地走个遍，内蒙古的大草原、泰山的云海、黄山的松树、海宁的潮水、三亚清澈见底的海水、山海关的长城，都已经被他们尽收眼底。孩子上小学了，他就带着孩子走云贵川、青藏高原，之后又走出了国门，跑到国外旅行，与孩子携手看世界。

第一次去三亚的时候是六月份，三亚已经很热了，而且空气潮湿，孩子吃东西泻肚，哭起来没完，他就到处找医生给孩子看病；在黄山的时候领着孩子爬山，孩子不小心跌倒了，腿擦破了，他就哄着孩子不要哭，给孩子清理伤口，用创可贴贴好伤口后，接着爬山。去北戴河的时候坐船，孩子晕船，呕吐不停，他就找船上的服务人员寻求解决办法。

孩子很小，到处旅行虽然很高兴，也很辛苦，孩子不知不觉地成长了。孩子小小的年纪就学会了自己准备旅行用品，各种生活用品也会准备齐全，自己打包行李。孩子也会自己热饭、换衣服，每到一个地方，还会学习当地的风俗习惯，偶尔还学习当地的方言，学会了就用方言与人交流。

为了让孩子在旅行中多学习文化知识，博物馆、纪念馆是必去的，在这里能看到当地的文明发展史。朋友说，他儿子对这些“古董”很感兴趣，起初是将文物当作玩具了，听到导游的讲解，就知道这些“好玩的东西”都是当地的生活用品，开始羡慕古人了，说古人很了不起。孩子喜欢动物园，看各种动物，还会站在那里和动物聊天，不管动物能否听懂，反正孩子自我感觉聊得很开心。

让他感触很深的是，去动物园带了很多好吃的，孩子要给动物吃，朋友就说：“不能随便给动物吃东西。”

孩子说：“这些我不吃了，扔掉了浪费，就给它们吃吧。”

朋友就告诉孩子：“动物的饮食与人类是不同的，而且饮食要讲科学，你的食物给它吃了，闹肚子怎么办？”

孩子突然想起了自己闹肚子的事情，就说：“闹肚子很难受，看到特别喜欢吃的东西都不敢吃了，只能看着眼馋。”

说到这里，朋友自己都笑了。他说：“本来带着孩子到处走是让他看世界的，‘读万卷书不如行万里路’嘛，边走边学记忆更扎实，见得多了，心胸也就开阔了。他逐渐地发现，孩子有属于自己的世界，他总是能看到大人所看不到的，想的事情也与大人不同。孩子的心智是纯净的，很容易融入当地的文化环境中，对于当地的生活也更容易接受，不像一些大人一样，吃不好、住不好，累了就抱怨，表现出沮丧的样子，孩子却总是很开心。”

最让朋友体会深刻的是他们去斯里兰卡的旅行，这里的人是用手抓饭吃的。朋友已经将随身带的餐具从行李包中拿出来了，抬头看看儿子，人家已经与当地人一样，用手抓饭吃了，还吃得挺香。

我静静地听朋友讲着他和儿子旅行的故事，心里似乎明白了很多，教育是值得深思的事情，孩子在特定的文化环境中自然就被感染了。家长教育孩子，不妨带孩子出门旅行，不仅让孩子学会很多当地文化，独立意识也会增强。很多的知识真不是教会的，潜移默化的影响更重要。另外，家长总以为自己是孩子的领跑者，帮助孩子做好成长规划，带着孩子出门旅行的时候就会发现，孩子就是一个独立的个体，他的想法与大人是不同的，很多时候，家长是孩子的陪伴者，与其说是大人带着孩子旅行，不如说是大人和孩子携手旅行更为恰当。

现在越来越多的人崇尚旅游，特别是中国开发了很多的文化旅游区，人们在旅游的过程中，还可以吸收当地的文化知识。

一些家长出门旅游不喜欢带着孩子，觉得孩子太小，独立性很差，旅游很累，带着孩子就更累了。如果孩子生病了就更麻烦，在人生地不熟的地方还要忙着给孩子治病，很扫兴。孩子小也记不住什么，起不到文化教育的作用，还浪费时间和金钱。

其实，家长的这些想法都是从自己的角度出发，没有考虑到孩子的需求。人如果不想做一件事情可以有一万个理由，要想做一件事情一个理由就够了。家长的教育以学为主，学习是为了有用，学习没有用的就认为是浪费时间。比如，孩子的游戏活动是没有用的，出门旅行消耗的时间长，就更没有用了。在很多家长看来，孩子有闲暇时间就要上补习班、学习各种特长，长此以往，忽视了孩子的全面成长。案例中的家长带着孩子到处旅行，不知不觉就发现孩子的变化了，孩子在旅行中自主成长，独立处理问题的能力提高了，而且还能入乡随俗。这些都不用家长教，孩子自己就学会了。孩子处在外部丰富的环境中，知道自己需要什么，责任心也就增强了。

指导方法：

选择旅行路线的时候要尊重孩子的意见，这样有助于培养孩子的责任心。为了避免孩子盲目选择，家长可以推荐几个旅行路线，将每个旅行路线的优点和缺点都明确出来，让孩子自己思考后做出选择。一旦旅行路线确定下来之后就不要改变了。

当旅行路线确定好之后，就开始制定旅行计划，包括食品、药物、带多少钱等都要列入计划中，按照计划准备。当孩子养成做计划的习惯之后，对于心里没底的事情就会问家长，而且还会提出一些建议。这种按计划做事的习惯一旦养成，孩子就会在做任何事情之前做好准备，避免出现丢三落四的问题。

旅行中每天的消费都要做好预算，孩子可以有一些零花钱用于自主支配。起初，孩子对花钱没有概念，看到喜欢的东西就会买，结果发现，喜欢的东西太多了，出现了入不敷出的情况。当孩子有了这次教训之后，就会克制自己的消费，孩子的理财观念逐渐形成。

出门旅行是一定要买礼品的。家长可以让孩子将礼品单列出来，有计划地购买。当给同学和朋友送礼物的时候，建议孩子将有关礼品的故事讲出来，可以加深孩子对旅行的印象。

尊重孩子的“小想法”

细节一：鼓励孩子带着好奇心探索知识

英国著名天体物理学家斯蒂芬·霍金专为儿童创作了科幻小说《乔治通往宇宙的秘密钥匙》。书中，霍金用儿童可以读懂的语言解释科学的奥秘，诸如太阳系、黑洞、小行星等知识都在故事中体现出来。现在的科学小说都带有幻想性，但很多是停留在想象的空间。霍金的这部作品有所不同，它是基于真正的科学而创作的科幻小说，目的就是让儿童通过阅读这本书了解真正的科学，激发儿童对科学探索的兴趣。

这本书中的主人公乔治，是一名普通的少年，对科学有着浓厚的兴趣。乔治的父亲非常重视环保，认为地球的环境遭到破坏是科学技术发展的结果，因此对于现代科技产品具有很强的心理排斥感。

乔治在学校里经常被学生欺负，为了找回跑到邻居家的猪，遇到了宇宙学家埃里克。受到埃里克的影响，乔治对科学十分的痴迷。他要从人性的阴暗面中摆脱出来，证实科学技术才是人类的未来。埃里克研制了超级电脑Cosmos，在超级电脑的协助下，乔治和埃里克的女儿安妮离开了地球，进入到太空中，造访宇宙空间中的星球，还差一点被黑洞吞噬。

在这本书中，科学知识用非常有趣的方式表达出来。比如，安妮解释太阳系八颗行星的大小，她说："有八颗行星围绕着太阳旋转。……土星是巨行星中第二大的，它们当中最大的那颗是木星。……地球是小行星中最大的……"关于引力的解释，安妮是通过描绘彗星向土星运动的原因表达出来的，她说："正如一个苹果落在地球上一样，……正如太空云中的粒子互相落在一起，成为球体，球再成为恒星。……这叫引力。"

乔治经历了宇宙的冒险之后，意识到自己每天和猪在一起就是在浪费生命，他需要做的是将地球上的温室效应消除，或者找一个人类可以居住的星球。霍金说："我很担心全球变暖将成为自然发展的现象。即使我们减少碳的排放量，气温也可能不断上升。我希望人类还没走到那么险峻的境地，但已迫在眉睫。"

霍金的这本书就是鼓励孩子要积极探索科学，而且将探索科学知识变成自己的责任。

孩子都是有好奇心的，这是智慧的体现。他们对于未知事物的探索欲望非常强烈，特别是陌生的事物、神秘的现象，对他们都是非常有吸引力的。在霍金创作的小说《乔治通往宇宙的秘密钥匙》中，乔治对科学非常痴迷，偶然的机会经历了宇宙探索，就发现自己曾经与猪在一起的生活是多么的无聊、乏味。乔治对科学充满好奇心，这是他到宇宙中探险的原动力。

一些家长认为孩子"淘气"是不懂事，或者严厉制止，或者置之不理，没有认识到孩子"淘气"的表现就是用自己的这种行为在探索，正在对自己的想法进行检验。所以，家长对孩子的各种行为都要认真分析，因为其中隐藏着孩子的探索能力。当家长对孩子的行为动机充分了解之后，也就理解了孩子的良好愿望，给他们讲道理，引导他们通过思考自己寻求答案，让孩子的好奇心得到满足。当孩子的这种探奇的行为得到家长的鼓励和支持之后，探索知识的信心就会被建立起来，也会乐在其中，增强学习意识。

指导方法：

当孩子在思考的时候，不要打扰孩子，否则，孩子的学习兴趣就会受到影响。孩子探索知识的过程，是在发挥其创新能力，如果家长过多地打扰，这种能力就难以发挥出来。孩子独立思考的过程，就是用自己的思维思考问题和解决问题。给孩子独立思考的空间，让他独立探索知识，提高自主学习能力。

每个孩子都希望自己有冒险的经历，这就是他们喜欢看《哈利波特》、《鲁滨逊漂流记》等冒险小说的原因。他们会将自己想象为这些小说中的主人公，去未知的世界冒险。家长对孩子的冒险梦要了解，还要用行动支持。家长可以利用休息时间带着孩子走入大自然中，到野外接触外部的世界，观察自然界的各种现象。在野外会随时出现各种意外，可以培养孩子的应对能力，学习如何解决问题，懂得耐心的重要性，能够对风险进行衡量，沉下心来思考问题，提高责任感。

细节二：直接叫孩子的名字

女儿上小学了，我们依然习惯于称呼她的小名。一天，我到学校接她、喊她小名的时候，女儿对我非常不满意，说：“下次到学校来要喊我的大名。”

妈妈说：“称呼小名都习惯了，小名多好听呀，也是妈妈爱你的表示。”

女儿说：“再称呼我的小名我就不答应，也不和你一块走。”

妈妈说：“你看同学的妈妈来接孩子，也都是称呼小名的呀。”

女儿说：“反正我不喜欢。我已经长大了。”

恰好，妈妈和女儿回家时候，路过孩子曾经去过的幼儿园，遇到了孩子的幼儿园老师。对于大名和小名的问题，妈妈和幼儿园的老师讨论起来。

妈妈说：“孩子在幼儿园的时候很喜欢我称呼她的小名，可是，刚上小学就不喜欢了，怎么会变化这么大呢？”

幼儿园老师说："孩子的这种变化是很正常的。孩子在幼儿园的年龄小，对名字的意识不是很强，老师和家长都会称呼孩子的小名，孩子感觉很亲切。但是也有例外，不同的孩子，对小名有着不同的想法。有些孩子的小名就是大名的最后一个字，前面加个'小'，或者叠在一起，与大名没有不同，转变称呼也容易。可是，一些孩子的小名有很多，诸如贝贝、乐乐等等，上学了还这么称呼有些孩子就不喜欢。"

幼儿园的老师还说："孩子对自己的名字是很敏感的。我们在幼儿园称呼孩子的名字的时候，都是大名和小名穿插着用。有的孩子有昵称，我们也会偶尔用，为的是让孩子更乖一些，听老师的话。当孩子进入到中班的时候，就需要孩子会写自己的名字了，这个时候我们都会称呼孩子的大名，大班的孩子都是用孩子的大名了。"

孩子的每个学习阶段都是人生的转折点，接触新的环境就会有新的想法。家长就要尊重孩子的想法，让孩子对生活和学习更有信心。

孩子进入到全新的学习环境中，就要接触更多的新伙伴，建立新的合作关系。家长称呼孩子的大名，可以让孩子树立成长意识，认识到自己已经不是小孩子了，要独立，自己的问题要自己解决。

案例中的妈妈对孩子的成长并没有更多的关注，依然如幼儿园时一样称呼孩子的小名，可是孩子已经认识到自己已经长大了，称呼小名不合适了，就对家长提出了要求。

学校教育与幼儿园教育有所不同，学校教育更为规范一些，具有一定的严肃性，要让孩子感觉到自己已经从幼儿园的小朋友转变为学生，就要从称呼上体现出来。

指导方法：

关于孩子的称呼问题，家长在与孩子交流的过程中，可以问问孩子长大了要做什么。如果孩子想当医生，就可以用医生的名词称呼孩子，比如“王医生”等等，同样可以表达自己对孩子的喜欢，也可以对孩子起到提醒作用，督促孩子好好学习才能实现自己的愿望。用这种带有幽默感的昵称更容易让孩子接受，对孩子的成长也可以起到积极的作用。

家长对孩子的称呼具有一定的暗示性，要符合孩子的成长要求，能够跟得上学校教育的节奏，让孩子的称呼符合学生的身份，让孩子在学校更为自信，提高学习的重视程度。

第 11 章

抓住关键时期，培养孩子的学习自信力

培养孩子的阅读能力

细节一：培养孩子的阅读习惯

于迪是一个喜欢听爸爸讲故事的小姑娘，每天晚上在睡觉之前都会让爸爸给自己讲故事，将故事的内容带入到自己的梦乡。最近爸爸给于迪讲的是《小熊比尔和大熊爸爸》。讲这本书中的故事的时候，爸爸让孩子看着绘本，爸爸讲故事给孩子听。《小熊比尔和大熊爸爸》中的故事很温馨，都是日常的生活内容，发生在父子之间的各种事情。于迪很喜欢听，听到这些故事就会感到很亲切。

小熊的名字叫比尔，非常可爱，但是很顽皮，总是会做一些错事，但与人交往的时候又很懂事。大熊爸爸每天照顾着比尔，非常的细心。大熊爸爸在保护比尔的时候，表现得非常勇敢，他用行动为比尔做榜样，用自己的智慧解决各种问题，对比尔的影响是非常大的。于迪在听爸爸讲故事的时候，就会不时地看着爸爸，与爸爸之间的关系更亲密了，在做自己的事情上也更有独立性。

一天晚上，爸爸给于迪讲故事的内容是比尔将小火车弄坏了。于迪把绘本拿过去翻看着图画，自己嘟囔着："我的机器人小车坏了。"

爸爸说："小熊比尔的小火车坏了，你的机器人小车也坏了，难道你们是心有灵犀吗？"

于迪把小嘴撅起来说：“我的机器人小车真的坏了，是我不小心弄到地上的，就摔坏了。我和比尔一样非常伤心。”

听着于迪说的话，看他那张伤心的小脸，爸爸差一点笑出来。

爸爸说：“没关系，大熊爸爸把小火车修好了，你的机器人小车也会修理好的。现在还感到伤心吗？”

于迪高兴地说：“能修好呀，不伤心了。”

于迪在听故事的时候，将现实和故事混淆了，将自己融入到故事中。爸爸不在家的时候，于迪也会自己拿着绘本阅读，看着图画自己说故事，还会叫妈妈过来听他讲故事。虽然这个时候爸爸不在身边，可是他学着爸爸的样子。爸爸在他的心目中就像大熊爸爸一样的强大，爸爸不在家了，他自己就要强大起来陪着妈妈。

于迪喜欢听故事，爸爸就每天拿着绘本给他讲故事，这样有助于培养孩子的阅读习惯。当孩子看到绘本中的图画的时候，就会充分发挥自己的想象力，也会学着爸爸的样子讲故事。

小孩都拥有自己的世界，之所以喜欢听故事，就是运用想象力将自己融入到故事情节中，让自己成为故事中的一员。所以，当爸爸说小熊比尔把小火车弄坏的时候，他就马上告诉爸爸，自己的机器人小车坏了。他知道爸爸是非常爱他的，会像大熊爸爸一样不会责怪自己，而且能将小火车修好。

可见，让孩子每天都参与阅读对孩子可以起到潜移默化的作用。孩子按照故事的思维理解问题，故事的教育内容在孩子的大脑中打下深深的烙印，由此发挥故事对孩子的教育作用。

家长在与孩子共同阅读的过程中，也是在接受教育，知道如何爱孩子，如何让孩子健康地成长。

孩子养成阅读习惯后，从书本中获得的知识越来越多，孩子的想象空间得以扩展，逻辑分析能力得到提高，自主学习能力增强。

指导方法：

家长与孩子的共同阅读，最好是选择睡前阅读，不局限于家长阅读，还可以让孩子读给家长听。阅读的过程中，鼓励孩子不要看着文字念，而是根据自己的理解将故事的内容讲出来。家长听故事的过程中，对于孩子主观添加的内容进行分析，与孩子讨论，激发孩子的阅读兴趣。

要培养孩子养成阅读习惯，需要家长给孩子选择有助于孩子成长的书籍。家长要尊重孩子的意见，让孩子选择自己喜欢的书籍，之后提出自己的见解，与孩子商量他选择的书籍是否适合阅读，促使孩子主动阅读自己选择的书籍，培养孩子的阅读兴趣。

孩子的阅读时间保证30分钟左右即可，不宜超过一个小时。如果孩子注意力不集中了，或者打哈欠了，就要停止阅读。

为了让孩子对阅读故事的内容深入了解，要对同一个故事进行反复阅读，还可以让孩子推测故事的发展情况，给孩子发表见解的机会，让孩子在阅读中产生成就感，更好地调动孩子的阅读兴趣。

细节二：用传记中的故事激励孩子

唐宋八大家之一苏轼10岁的时候，父亲苏洵进京赶考，母亲在家里指导苏轼阅读中国古今的典故。母亲给苏轼讲传记故事，苏轼非常喜欢听。在讲《范滂传》的时候，母亲对范滂的为人进行了详细介绍，并赞扬范滂的人品。

母亲对苏轼说："范滂为官清廉，而且还具有正义感，能够为自己做的事情承担责任。正是因为范滂性格耿直，能够廉洁自律，在官场上得罪了一些贪官，因此被诬陷遭逮捕。范滂为了不连累自己的母亲，就自己投案自首了。范滂的母亲说：'我儿是为了正义而死的，这是值得的。'"

母亲讲到这里的时候，不说话了，好像是在沉思。苏轼很受感动，告诉母亲："范滂正直，我要向范滂学习，让他成为我的榜样，我要像他一样做一个顶天立地的人。"母亲听了苏轼讲的话，高兴极了。

为了让苏轼记住这个故事，母亲常常对苏轼予以鼓励，让苏轼向范滂好好学习。《范滂传》对苏轼的成长产生了重要的影响。苏轼成年之后，在文学领域成就斐然，在官场上，正直清廉，口碑很好。

孩子在成长中都会在心目中树立自己模仿的榜样。一些父母对此不理解，怕孩子因此影响自己的学习。家长如果在恰当的机会孩子介绍偶像，让孩子向偶像学习，可以发挥偶像的效应，提高孩子的自律能力。

苏轼将范滂作为自己学习的榜样，母亲当年的引导发挥着作用。苏轼学习范滂优秀的品质，同时，还会不断地挖掘有关范滂的故事内容。

孩子的教育中，要更好地发挥榜样作用，可以给孩子阅读传记，孩子通过了解传记的内容知道什么是应该学习的，什么是不该学的，发挥传记故事的引导作用，孩子自觉主动地学习，让自己的道德品质更为为优秀。

指导方法：

英国哲学家培根提出，发挥伟人事迹的教育作用要远远超过各种教育方式。

用传记中的故事激励孩子，要对传记具有选择性，家长要发挥引导作用，帮助孩子在平时的阅读中选择传记故事，让孩子沉浸在故事情节当中，潜移默化地接受教育，让孩子体会到生活的美好，懂得处理人与人之间的关系。

传记重在陈述人物的人生经历，经典之处很多，家长给孩子讲其中的故事的时候，要有倾向性。明确对孩子的教育目标，具有针对性地选择故事情节，认识到"贪小便宜吃大亏"的道理，让孩子对人间的疾苦有所认识，从而珍惜自己的现在，提高应对挫折的勇气。

从孩子的角度出发选择传记人物，切实地发挥人物的榜样作用，让孩子对历史事件有新的认识，对人物的思想行为理解更为深刻。比如，中国历史上的各种农民起义往往是以失败告终，让孩子明白好人与坏人不是用胜负决定的，要从时代背景的角度出发对历史事件客观分析，让孩子对历史时间从历史文化的角度深入思考，从全新的角度理解故事内容，孩子也因此得到激励，对提高孩子的自主学习力起到重要的作用。

帮助孩子消解心理矛盾

细节一：帮助孩子将心理障碍铲除

莹莹今天休息，缠着妈妈陪她玩一会儿。妈妈说："我们玩剪纸游戏好不好？"

莹莹开心，昨天在美术课上和老师学了一些手工剪纸，要剪出来给妈妈看看。大声说："我学会了好多剪纸，老师还夸奖我了呢！"

妈妈说："是嘛，那今天就把你的手工剪纸展示给妈妈看看。"妈妈边说，边准备好剪纸的用具，有小剪刀、裁纸刀、直尺、胶水、笔、各种颜色的纸等。

妈妈说："我先剪一个窗花给你看。"妈妈说着，拿出一张红色的纸，将纸张折了两次形成小四方块，在纸上用笔画出简单的花样图案。然后，就拿起小剪刀沿着画出的线剪。剪完之后，只见妈妈将折纸一点点地展开，一副窗花就呈现在莹莹的眼前。莹莹兴奋地说："好漂亮的窗花呀，好漂亮呀，我要把它贴在窗户上。"

莹莹说着，就拿起窗花和胶水，在剪纸的四个角上抹上一些胶水，贴在了窗户上，还站在窗前欣赏了一会儿。

妈妈说："妈妈的剪纸你已经看到了，该让妈妈欣赏你的剪纸了。"

莹莹坐到桌子前，左手拿起一张纸，右手拿起笔，像妈妈的样子在纸上用笔画出几何图形，拿起小剪刀比画了一下，没有剪，就把纸和剪刀都放回到桌子上，哭了起来，告诉妈妈：“妈妈，我不会剪了。”

妈妈很奇怪，说：“昨天上美术课不是剪得好好的吗？今天怎么就不会了呢？”

妈妈鼓励孩子，说：“剪纸是很简单的，看妈妈。”只见妈妈在纸上沿着线条剪了一下。

莹莹说：“妈妈，我害怕！”

妈妈突然明白了，这个孩子胆小，做事情之前总是思来想去，犹豫不决的。就握着孩子的手，和她一起剪了一下，之后放手让莹莹自己剪。莹莹好像没有那么害怕了，就自己剪了起来，操作很熟练，剪出来的图案也很平整。

莹莹在班级里能剪纸，回到家里剪纸就有些畏缩，是一种心理障碍。孩子胆小，害怕自己做错事情，就不敢剪了。妈妈握着孩子的手一起剪，适应了一会儿，帮助孩子克服心理障碍，孩子就自己动手剪了。

孩子看起来似乎不懂得什么，事实上孩子的敏感度是很高的。孩子缺乏自信，怕把事情做错了，产生心理障碍，这个时候就需要家长的鼓励。孩子在童年时候的经历会对其一生的成长都产生影响，如果家长疏忽了这一点，就会让童年的阴影总是伴随着孩子，对孩子的健康成长非常不利。

指导方法：

帮助孩子克服心理障碍，就要在平时多鼓励孩子接触新鲜的事物，让他能够很快地适应新的事物。家长要给孩子更多的关心，让孩子感觉到家庭的温暖，增强孩子的自信心。

孩子做错事情的时候，不要急于批评孩子，而是要注意引导孩子，鼓励孩子改

正自己的错误。当孩子做对事情的时候，要给孩子一定的嘉奖，让他们知道怎么做是正确的，不断积累经验，就会越做越好。

孩子做事情往往不会计较后果，只要自己喜欢就会做，就不可避免地造成伤害。家长要帮助孩子调整心态，对孩子不正常的情绪要耐心引导，让他们带着平和的心做每一件事情。

细节二：让孩子正确对待自己的考试成绩

苏步青是中国著名的数学家，被誉为“数学之王”。也许很多人都不会想到，苏步青在小时候学习不是很好。每次考试结束，父母看到孩子的成绩都会唉声叹气的。老师让苏步青的家长到学校谈谈，对他的父亲说，既然孩子学习不好，不如让他种田吧，还省了学费钱。可苏步青的父亲不甘心，他相信自己的孩子一定会学得很好的，就将苏步青转到离家里比较近的学校。

苏步青说，不爱读书是从小养成的习惯，很难改掉。转学了依然是如此，当然老师不会喜欢。但是，有一件事情自己印象深刻。

一个傍晚，苏步青被国文老师叫去谈话，手里拿着一篇作文问：“这篇作文是你写的吗？”

苏步青拿过作文看了一眼，说：“是我写的。”

国文老师不相信，认为是苏步青抄袭来的，就给作文批了个“毛”字，就是“差”的意思。苏步青小时候喜欢阅读古典名著，作文就是仿照名著的笔法写的。国文老师并不了解这些。

苏步青当时非常生气，一下子就不喜欢国文了。五年级的时候，学校来了一名新老师，地理讲得非常好，同学们都喜欢听他讲课，感觉上他的课就好像周游世界一样。苏步青和其他的同学一样，开始喜欢上了地理课。一次苏步青在国文课逃课被这位地理老师看到了，问他为什么这么做。苏步青就说，国文老师看不起他。之后，将作文的事情告诉地理老师了，还把作文内容背给这位老师听。

这位地理老师没有问苏步青的作文是否是抄袭来的，而是问："你父母让你到学校是为什么？"

苏步青回答："读书。"

老师问："你读书是向谁学？"

苏步青说："向老师学。"

老师说："你都不上课，怎么向老师学。你父母给你交学费，你不好好学习，能对得起父母吗？"

苏步青听了这些话，眼泪落下来。

老师继续说："别人之所以看不起你，是因为你学习不好，如果你学习优秀，就没有人小瞧你了。"

苏步青小时候不喜欢读书，考试成绩非常不好。虽然家庭困难，父亲对自己的孩子很有信心，愿意让孩子上学。苏步青学习不好是因为贪玩，特别是当自己的作文遭到国文老师的质疑后，就更不喜欢学习了，甚至在国文课逃课。从这一点可以看出，孩子对别人的评价是非常在意的，对他的学习行为具有非常大的影响。后来学校来了一位地理老师，一席话对苏步青起到了激励效应，苏步青开始好好学习了。

孩子的考试成绩是家长最在意的，岂不知，孩子对自己的考试成绩也是非常敏感的。每一个学生考试成绩不好都会很伤心，如果在学校遭到老师的批评，回到家里再挨父母的骂，心理压力就更大的。

人都有"马失前蹄"的时候，何况孩子呢。当孩子考试成绩不好的时候，家长就要敞开怀抱，安慰孩子、鼓励孩子，让孩子化失败为动力，告诉孩子："这次成绩不好没有关系，还有下一次。"将孩子的自信心激发起来。孩子以正确的态度对面对自己的考试成绩，才能不断地进步。

指导方法：

家长要知道成长比成绩更重要。孩子的成长是一个漫长的过程，考试成绩仅仅是衡量孩子在一个成长阶段中学习水平的一个元素。所以，家长对孩子的成绩不必过于紧张，孩子需要学习的东西还有很多，而且这些并不都是用考试成绩可以衡量的。

成绩是考试的结果。当孩子考试成绩不好的时候，家长要与孩子正面交流，知道原因，如果是偶然因素造成的成绩不好，家长就不必过于紧张。如果孩子的成绩持续不好，家长就要了解孩子平时的学习状态，从孩子的学习过程上找原因。对于贪玩的孩子，要让他明确学习的目的是什么，告诉他要达到目的，就要认真对待学习。成绩不重要，学习很重要。如果孩子的学习目标不明确，就要给孩子指明学习方向，指导孩子用正确的方法学习。一旦孩子在学习中有进步了，就会树立自信心，自觉地端正学习态度。

“胜败乃是兵家常事”，孩子成绩不好，家长一定不要发怒，而是要找到孩子的优点予以表扬，关注孩子的进步，哪怕是微不足道的进步，家长也不要吝啬夸奖，肯定孩子的进步。

让孩子不断充实自己生活

细节一：用运气的说法安慰孩子

一次家长会，王佳寒的妈妈给孩子开家长会，见到老师都不知道说什么好，孩子的考试成绩总是在中下等徘徊。每次老师都说，这个孩子知道努力，有潜力。妈妈给孩子报了各种辅导班，还请了家教，可是，学习成绩还是没有提高。

妈妈对老师说："老师，一提起这孩子的学习我都头疼，如果她不爱学习也罢了，可是，孩子回家都是自己写作业，我还给她请了家教辅导功课，周末上辅导班，却没见成效呢。"

王佳寒站在妈妈身边，低着头不作声。

老师看了看王佳寒，说："王佳寒在平时学习是很好的，上课提问基本上都能回答上来，说明她上课是认真听讲的，作业完成得也很好，课堂随堂考试成绩也不错，可是，期中考试和期末考试的成绩总是不理想。我觉得应该是孩子的运气不太好。"

妈妈第一次听到老师是这样评价孩子的，就疑惑地问："难道不是学习方法问题吗？"

老师说："她平时的学习成绩就很好的，就是在比较正规考试上的成绩的不理想。就说明她的学习方法没有错，而是自身的心理问题。所以，我说她不是自己不

努力，也不是头脑不聪明，而是运气不好。”

在学习方面，毕竟老师比家长更了解孩子。妈妈听了老师对女儿考试成绩的评价之后，就不会再为女儿感到焦虑了，心里轻松了许多。

回到家里，王佳寒依然是回到自己的房间里看书了。妈妈说：“今天就休息一天吧，出去走走散散心。明天休息，咱们全家出去吃火锅。”

孩子没有说什么，告诉妈妈：“我先把作业写完。”

王佳寒的学习规律没有什么变化，一切如常。所不同的是，孩子的脸上每天有笑容了，也喜欢和父母谈学校的事情了，不再是阴沉着脸。转眼一个月过去了，王佳寒迎来了月考，这次考试出乎预料的好。妈妈对孩子的考试成绩没有太多的期待，认为能帮助孩子的都已经尽力了，孩子也非常努力了，至于考试，就看孩子的运气了。王佳寒回家告诉妈妈自己的考试成绩的时候，妈妈都不相信自己的耳朵，她的考试成绩竟然从第28名跃居到第12名。妈妈开始相信老师的话了，女儿考试成绩不理想是运气不好，这是女儿迎来好运了。

案例中的孩子平时的学习很好，可是考试成绩却不是很理想，相信这是很多孩子都有的奇怪现象。很多家长对这样的孩子无可奈何，因为孩子是很认真学习的，平时学习很好，一到考试的时候就失利。老师说王佳寒运气不好，其实是对孩子的心理安慰，让孩子放下心理包袱。

孩子偶尔失败的时候，家长对孩子用这种安慰的方法，可以避免孩子受到打击。没有好的运气就会失败，将孩子的学习自信心激发起来，让孩子对生活和学习持有开朗的态度。

指导方法：

家长都希望孩子学习好，但是将考试成绩作为孩子学习质量的唯一标准就太武断了。孩子在学校不仅要学习文化知识，还要接受德育教育、美育教育、劳动教育等等，所以，评价孩子的学习要综合多个教育指标，对孩子的各方面全面衡量。

孩子的考试成绩忽高忽低，家长要与老师共同探讨孩子这种学习情况的原因，找到学习不好的原因。在对孩子进行教育的过程中，可以用“运气”安慰孩子，使孩子能够正确地面对自己的成绩，放松心情，总结以前学习中的不合理之处，还要多做考试题，掌握这些题的型解题方法，就会在考试中发挥得很好，获得更好的成绩。

细节二：培养孩子特殊的技艺

一个小男孩对音乐非常感兴趣，希望自己长大了能当音乐家。父亲为了帮助孩子圆梦，就领着孩子到北京。他们来到北京举目无亲，仅仅凭借对音乐的热爱来到这里。父亲费了好大的劲让孩子到一所小学读书，还请了一名钢琴老师给孩子上钢琴课。

第一天钢琴师教孩子弹钢琴，说：“这孩子不是学习钢琴的料，很难在钢琴领域有所成就，考中央音乐学院也不会被录取。”孩子性格很倔强，就与钢琴师吵架。

父亲对孩子的表现很失望。

孩子的倔脾气又上来了，对爸爸说：“我不学钢琴了，我们回家吧。”

于是，爸爸准备带着儿子回沈阳。就在他们要动身的时候，爸爸接到了一个通知，让儿子在学校举办的晚会上弹钢琴。孩子的气还没有消，说：“钢琴老师说我很笨，以后我再也不弹钢琴了。”

孩子的老师很不理解，问孩子的爸爸：“你们来北京不就是为了学习钢琴吗？怎么说放弃就放弃了呢？”可是，无论说什么，孩子就是不弹钢琴了。

就在他们争执不下的时候，周围站了一些围观者。其中一位小朋友说：“我们都喜欢听你弹的钢琴曲，弹得非常好听。”

孩子听到这些，委屈的眼泪流了出来。晚上，孩子弹了几首中外名曲，让听众们的掌声持续了很长时间。孩子站起来给所有的听众鞠躬。就是从这一天起，孩子开始对学习钢琴充满了信心，告诉爸爸：“我一定要努力学习钢琴。”两年后，孩子被中央音乐学院附小录取了，十年后，这个孩子成为了中央音乐学院的客座教授。

这个孩子，就是国际著名的钢琴家郎朗。

郎朗被称为“百年不遇的钢琴天才”。当他走上成功的道路之后，有人问起他成功的秘诀，他都会提起小时候的这段故事，印象最深刻的就是小学的那场晚会，那些鼓励他的掌声。这些掌声是对他钢琴技艺的肯定，也是让继续弹钢琴的动力。

郎朗是钢琴天才，这段不平凡的往事成就了他的钢琴道路，把最动听的钢琴曲送给了全世界的听众。父亲为了支持儿子学习钢琴牺牲了所有，将这一切都奉献给了儿子，将自己的儿子培养为钢琴天才。

家长对孩子的培养中，除了学习之外，还要培养特殊的技艺作为孩子的特长，让孩子在学习之余用所掌握的技艺调节心境，自我放松。当孩子在学习中遇到挫折的时候，就可以发挥自己的特长，让不良的情绪得到释放，增强克服困难的自信心。当孩子身心愉悦的时候，就可以再次全身心地投入到学习中。

培养孩子特殊的技艺还可以让孩子开朗起来。当孩子消沉的时候，是非常需要得到人的认可的，即便是孩子的自信心很强，如果没有得到人的肯定，也会对自己的能力持有怀疑的态度。当孩子表演特殊技艺的时候，得到别人的赞赏，就会变得勇敢起来。

指导方法：

特殊的技艺是学习之外的补充。有很多的人从小学习的特殊技艺，在长大之后就成为了安身立命的职业。孩子学习特殊的技艺，通常都是从兴趣出发选择的。孩子对自己感兴趣的事情就不会放弃，对自己掌握的特殊技艺只会不断地提高，即便是由于功课忙，也会在闲暇时间将技艺拾起。作为家长，要知道孩子的特长不是与生俱来的，而是后天养成的，培养孩子特殊的技艺，家长要能够坚持，同时也要告诉孩子，任何的成功背后都是流不尽的汗水，没有不经过努力就获得成功的，以对孩子的控制能力进行培养。

培养孩子一种特殊的技艺，也是在培养孩子的生活能力。让孩子会一种特殊的技艺不是培养的目的，而是以此为手段提高孩子的竞争意识。孩子在学习中必然会遇到各种困难，要获得突出的成绩，除了努力之外，还要掌握方法，有助于培养孩子的逻辑思维能力，促使孩子学习进步。

培养孩子合作学习能力

细节一：家长要与孩子建立互信关系

尊尊转学了，到新的学校环境中学习不免有些紧张。父母怕孩子上火，就对尊尊说：“你会喜欢新学校的。”尊尊点点头，表示知道了。

开学了，爸爸开车送尊尊去上学。尊尊坐在车里，一路上都在练习写自己的名字。这是新学校要求的，孩子入学一定要会写自己的名字，认识自己的名字，因为要调整座位，孩子进教室之后就要找到自己的座位。爸爸看到孩子紧张的样子，自己都感到紧张了，想着如果孩子不喜欢新的学校，就还要把孩子送回到原来的学校。

到了学校门口，看到进校门的好多孩子都哭起来，爸爸看着儿子，怕儿子也会哭。可是，尊尊很坚强，笑着对爸爸说：“我不会哭的，我是坚强的男子汉。”

爸爸领着尊尊进入到教室中，尊尊自己找座位。他在一个小课桌上看到了贴着的纸上有自己的名字，就高兴地告诉爸爸：“我的位置找到了。”于是就坐下了，将自己带的文具都拿出来，告诉爸爸说：“我很喜欢这里，爸爸回去吧，记得下午来接我。”

下午爸爸来接尊尊。尊尊很愉快的样子，说：“这个学校活动很多，都非常有趣，不知不觉这一天就过去了。”

爸爸知道，这只孩子安慰自己呢。尊尊有一个习惯，紧张的时候就喜欢拽衣服角，爸爸看着孩子衣服角已经揉皱了，就知道孩子的心里是很紧张的，毕竟是新环境，需要适应一段时间。

尊尊在这里学习了很多的知识，还学会了一些技能，这些都让他逐渐独立起来，也非常感谢父母给他选择了这么好的学校。

爸爸说：“你要到新学校学习是相信爸爸，对不？”

尊尊点点头，说：“我相信爸爸是对的。”

从案例内容可以明确，尊尊之所以要适应一下新的学校环境，是出于对爸爸的信任。尊尊年龄小，对于事物并没有准确的判断能力，对新的事物不确定，但是对爸爸持有信任的态度。尊尊很懂事，知道爸爸是爱他的，就答应尝试一下新环境。当然了，如果孩子不喜欢这个学校环境，爸爸也会把尊尊再送回到原来的学校，这也是对儿子的尊重。

家长与孩子之间建立信任关系是很重要的，家长尊重孩子的想法，孩子也会相信家长，相互之间就可以和谐相处，对孩子健康地成长非常有好处。由于信任使相互之间的关系更亲密，沟通就更为顺畅，家长鼓励孩子，就会让孩子对自己充满信心，

指导方法：

家长信任孩子，就是家长要相信孩子所说的话。家长不要反复地确认孩子的话是否真实，也不可以威胁孩子说：“对我说谎可没有好结果！”等等类似的话，要对孩子持有善意。如果孩子确实是说谎，家长也不要谴责，而是注意引导

孩子端正处世态度，让孩子知道说谎是不正确的，而且相信孩子一定能改掉这个缺点。

家长对待孩子要诚实，这是对孩子人格的尊重。孩子喜欢提问题，家长要认真回答，不可以敷衍。家长如果不尊重孩子，就不会培养出具有人格魅力的孩子。家长与孩子建立互信关系，不要挫伤孩子，而是对孩子以精神上的保护，以学习上的引导，让自己成为孩子的良师益友。

细节二：让孩子结交对学习有益的朋友

李冰曾经是非常胆小的孩子，是他的玩伴们让他有所改变。这些玩伴是校园里的一道风景，他们能拉住双杠上荡来荡去，在滑梯上能变着花样滑下来，滑旱冰的速度非常快，可以滑得千姿百态。这群男孩子们每天都非常快乐。

李冰刚到学校的时候，感到很寂寞，这些玩伴都很喜欢他，总是拽着他出去玩，将李冰的孤寂消除了，还建立了友谊。李冰从此不再是一个人独来独往了，也不是坐在一边看着那些玩伴开心地玩了，而是参与到伙伴当中，变得开心起来，愿意和班级里的同学交流，也逐渐地爱上了这个班级集体。

李冰学习非常好，具有很强的求知欲，如果没有这些伙伴“打扰”他，他就会静静地思考。李冰的思维是很敏捷的，当老师讲课的时候，他就会表达自己的看法，这让老师很烦恼。上课插话必然会影响其他同学的学习。但是，老师还都很喜欢他。因为李冰学习好，还非常喜欢钻研，老师说，李冰将来一定会有所作为，一定要好好栽培。

老师的话是对孩子的客观陈述，但是，李冰听了这些话之后，倍受鼓舞。从那以后，李冰就更加努力学习了，在班级里也更为开朗活泼，愿意帮助班级里的每一位同学。班级里面只要有李冰的存在，气氛就活跃起来。原本李冰很喜欢在课堂上插话的，现在老师给他了特权，允许其插话。如果李冰没有在课堂上与老师对话，老师甚至还会把李冰叫起来，问："李冰同学，你还有什么见解吗？你可以'炮轰'我的观点。"全班同学都笑了，李冰也不好意思地笑了。

案例中的李冰原本是个胆小的孩子，喜欢一个人独处。可是，他有一帮爱玩的伙伴，经常在一起，让李冰也变得活泼开朗起来。李冰喜欢安静的环境，他可以深入思考问题，后来就愿意与老师和同学们互动了。老师和同学们都非常喜欢他。李冰甚至已经成为班级中的焦点，老师在家长会上给了李冰非常高的赞美，让李冰更加努力了。

可见，孩子接触的人和他所结交的朋友对他的影响是非常大的。李冰的好朋友们给了李冰很多的欢乐，让李冰也活泼起来，同时李冰也把欢乐带给了班级里的每一名同学。孩子结交对学习有益的朋友，就会在朋友的带动下不断地进步，朋友就像镜子一样，让自己自觉地改变缺点，不断地完善自己，变得更优秀。朋友们的认可让孩子充满自信，就会变得阳光起来，学习上也更为积极努力。

指导方法：

家长要为孩子创造结交朋友的条件，让孩子有玩伴，能够与朋友们和谐相处，增进友谊。父母可以经常带孩子去公园玩，鼓励孩子与小区的同龄孩子一起，让孩子少一些独处的空间，多与同伴们交往，让他们在一起可以多一些宽容和理解，提高孩子的交往能力。

孩子对朋友缺少判断力，父母就要发挥指导作用，引导孩子应该交什么样的朋友对自己有益。父母可以告诉孩子，发现伙伴身上有令自己羡慕之处，就可以学习。不懂之处就要问家长，家长帮助提出自己的见解。

每一个孩子都是独立的个体，父母要对孩子的选择予以尊重，但是也要告诉孩子，朋友不必交太多，最关键的是质量。让孩子懂得物以类聚、人以群分的道理，自己所交的朋友就是自己品性的最好呈现。与口碑好的人交往，就会让自己更优秀。

第 12 章 客观培养孩子的自主学习力

“赢在起跑线上”真的“赢”了吗?

细节一：不要照搬天才的成长秘诀

2017年的高考成绩公布了，湛江二中的一名理科生陈舒音获得了620分的好成绩，超出一本线135分，被浙大医学院录取。陈舒音只有12岁，能高中毕业就已经是一个奇迹了，考出这样好的成绩更是令人瞩目。陈舒音6岁上小学，在2014年全市第13名的成绩被湛江二中提前录取。很多同学和家长都非常羡慕这名学生，不仅以这么小的年龄高中毕业，而且还以非常好的成绩进入到高等学府就读。

陈舒音7岁就已经进入到初中就读，这是读小学一年级的年龄。她优异的成绩被人认为是不可思议的，看看她的求学经历，更是令人不可思议。2011年，7岁的陈舒音就以良好的知识基础升入到湛江二中港城中学读初中的课程，当时的成绩在整个年级中排前300名。刚刚开学，学校的教师和同学都被这名“小学一年级”的学生所注意。陈舒音的老师提起这名学生，就会感到学生虽然年龄小，但是在学习上是绝对不示弱的。

陈舒音的学习进取心非常强，刚刚入学感到对学习环境不太适应，当一段时间之后，就渡过了适应期。陈舒音的学习有规律地进行，成绩开始稳步上升。进入到初中二年级的上学期，陈舒音的月考成绩在全年级都保持在前30名。陈舒音9岁进入初三学习，以全市第13名的成绩导入湛江二中高一实验班。陈舒音的父亲和母亲都在湛江市的一家水产公司工作。对于女儿在学习上的进步并没有太多的表扬，而是尊重孩子的学习习惯。即便是12岁的陈舒音在高考考出这样好的成绩，他们也不愿意张扬，特别低调，因为在他们看来，孩子的未来之路还很长。

陈舒音以620分的好成绩考入到浙江大学医学院就读，而且读的是浙江大学医学试验班（5+3），这是一个学霸云集的实验班。一时间，陈舒音成为很多高中家长教育孩子的榜样。这样的孩子可谓是“天才少年”，是非常令人羡慕的。小小的年龄，在鲜花和掌声中走入了全国重点高校。面对各种“年少成名”的报道，我们不应该更多地关注他们的成绩，而是要学一学他们的成长经历和所采用的学习方法。毕竟“天才”是极少数的，要成为“人生赢家”更需要努力。在强调“年少成名”的过程中，还要分析培养“秘诀”。但是，众多的舆论报道过于渲染孩子的非常人学习成绩，没有对“天才”的成长进行思考。

事实上，陈舒音仅仅是孩子中的极少数，他们能够以很小的年龄就进入名校就读，有先天的遗传基因，家庭环境也是非常重要的。从陈舒音的父母为孩子塑造的家庭学习环境来看，父母教给了女儿正确的学习方法，让孩子有规律地学习，对自己的生活合理安排。陈舒音的学习经历中，有父母的陪伴，还在轻松愉快的环境中高效率地学习，每天的作息时间都进行规划，还要制定出学习计划，同时还离不开个人的性情。学习的道路是漫长的，需要长期保持学习兴趣和良好的心态，还要掌握良好的学习方法，懂得根据学习需要对学习方法进行调整。仅仅看到陈舒音考上了名牌大学，却没有研究学业规划，甚至一些家长为了让孩子更早成才而不断跳级，让孩子每天忙碌着上各个辅导班，天天刷题，就是为了高考而备战。如果以陈舒音这样的孩子为榜样采用这种教育孩子的行为，就是对他“天才少年”的一种误读。

“天才”孩子的身上有很多的可学之处，最需要学习的是他们的软实力。陈舒音的爱好是非常广泛的，而且在很小的时候就已经养成了阅读的习惯，有非常强的自学能力。这些才是其成才的“终极利器”，为了让自己的孩子走上“成功”而简单地效仿，没有深入思考家庭教育经验，对于孩子的培养是非常不利的。

指导方法：

对于成功的孩子，家长需要关注的是过程而不是结果。父母说，陈舒音没上过任何补习辅导班，是“特别坐得住”的孩子。这一点就足以说明，孩子的个性是非常重要的，尊重孩子的成长规律是家长需要关注的，照搬他人的成长经验是不可取的，而是要认识到陈舒音具有非常好的自主学习力。良好的学习习惯让这个孩子走到了同龄人的前面，成为了领跑者。所以，孩子要健康成长，要变得优秀就需要家长为孩子塑造精神家园，注重培养孩子的学习兴趣，培养孩子的学习力和意志力，还有要让孩子具有较强的自主生活能力。学习是生活中的一部分，会生活才会学习，很多需要学习的知识是存在于生活中的。会生活的孩子可以在做到生活与学习相结合，对所学习的知识在生活中灵活运用，可以提高孩子对知识的应用能力。

家长对孩子的培养中，不要持有功利观，羡慕“别人家的孩子”成功的同时，要从自家孩子的特点出发，给孩子制定成长计划，消除急切的成才观，注重孩子的全面培养，除了学习之外，包括情感、意志力等等都要进行培养，提高孩子的责任感，让孩子认识到学习是为自己负责，是成长的必经阶段，且行且珍惜。

细节二：认清“赢在起跑线上”的陷阱

钱学森的家庭是文化世家，钱学森之子钱永刚继承了喜欢读书的家风。关于如何读书的问题，钱永刚说：“有关读书的要义，是从父母处观察来的”。钱学森没有教过孩子如何读书，而是用自己的言行举止给孩子塑造了良好的读书氛围。钱永

刚说：“他那时候读书并不是为了达到什么目的，而是凭自己的兴趣”。钱永刚在小学二年级的时候就开始看大部头的书。暑假的时候看《十万个为什么》，每天可以看70页，不懂的问题就攒着，看到父亲有空就让父亲讲解。针对读书，钱永刚没有被父亲要求过，而且父亲也没对他的学习成绩有严格的规定。钱永刚从小的学习成绩并不是很好，5分制总是会得4分，对于此，父母仅仅是笑笑而已，并不会督促他“继续努力，争取满分”。在钱学森看来，一定要让孩子获得满分，不仅很累，而且也没有必要。钱永刚进入到初中一年级，班主任将钱永刚叫到办公室，问：“看看你的成绩单有什么问题吗？”钱永刚看了很长时间也没有发现问题。班主任就说，你没有对自己高要求，你这样的家庭，应该全拿5分。晚饭之后，钱永刚将班主任的话转告父亲，父亲什么都没有说。期末考试，钱永刚拿到5分，觉得父亲会予以表扬，但是，父亲看了成绩后，依然是笑笑。钱永刚就觉得自己太吃亏，为了这个满分少读了很多的课外书。

从钱学森对孩子的教育来看，可以认识到知识并不是外在的，而是存在于自身，所以，要让孩子对知识产生兴趣，激发其探索知识的欲望，为了获得正确的答案而不断地提出问题。通过发问引导孩子自主思考，深入探索，寻找答案，孩子自己已经掌握的知识就会被激发起来。可见，为孩子塑造自主学习的环境是家长和教师需要做的。

多年以来的家庭教育中都流行“赢在起跑线上”的说法，对孩子的教育影响是极大的。很多的孩子家长以此为家教法则，“催促”孩子提前学习很多的知识，导致这些孩子都成为学习上的“拼命三郎”，他们学习很努力，也很刻苦，考试成绩也很理想，确实是“赢在起跑线上”。但学习是一件持久的事情，就宛如是长跑一样，需要有足够的耐力才能获得最终的胜利。随着时间推移，“赢在起跑线上”的孩子在家长的指挥下被动学习，对于学习的目标很迷茫，就逐渐感到力不从心，对学习产生了心理排斥感，陷入到“越努力越被动”的怪圈中，结果就是“站在终点哭泣”。很多的家长认为只要孩子超前学习了，所获得的知识容量就会增加，但是，“威逼利诱”孩子的方法显然只能适得其反，即便是花大精力学了很多的知识，也难以有效吸收，而且还会不利于孩子的身心健康成长。

超前学习就是所谓的“赢在起跑线上”，比正常的学习进度抢先一步，就早吸收一些知识，当然，很多的家长也会因为自己的孩子学习进度更快而感到自豪。孩子在超前学习中所学习的是新知识，由于吸收新知识的能力有限，就必然会占用很多的课外时间。学习上没有做到劳逸结合，导致课上疲惫，特别是很多的知识都是自己已经学过的，就不会集中注意力听讲。这些孩子很勤奋，但是勤奋在超前学习上，在正常的学习中就会产生惰性，上课打瞌睡，大脑对教学刺激的反应也不是很灵敏了，所学习过的知识就会很快忘记。

指导方法：

“赢在起跑线上”教育方式本身并没有错误，而是在使用这种教育方式中过于形式化而忽视了其本质。家长对孩子所传授的学习方法是，要学好知识，就要超前学习。按照儒家思想，在学习上要“温故而知新”，即要获得良好的学习效果，就要温习已经学过的知识，并在温习的过程中能有新体会、新发现。前者强调超前学习的重要性，后者强调复习的重要性。将“超前学习”和“复习”对比，哪个更重要一些呢？采用哪种方法会提高学习效率呢？我认为，复习是更为重要的。另外无论是家长和孩子、教师和学生、还是同学之间，都是平等的关系，都要相互尊重、共同学习，对于激发孩子自主学习力非常有益。

合理规范孩子的行为

细节一：使用规范约束孩子的不良学习行为

方南有一个不良习惯，就是一边吃饭一边看书，不仅看书的效果不好，而且还不利于消化。家长怎么劝说都没有让方南改掉这个习惯。有的时候父母会因此而发火，当时改正过来了，过一段时间又恢复了原来的看书状态。方南的这种看书习惯非常不好，但是，习惯并不是短时间内就能彻底改变的，父母不在家的时候，方南还会我行我素。方南的这个习惯养成是长期积累养成的不良看书习惯。由于父母没有及时纠正，就成为习惯。为了让方南纠正这种读书的习惯，全家一起讨论如何解决这个问题。方南说，他也想改，但一吃饭就想着要先拿一本书看，不看书就没有吃饭的意识。这对这种不良读书习惯，父母指出不仅仅会伤害到眼睛，而且还会影响消化，读书质量也不好，需要彻底改变。于是，父母和方南一共商讨读书方案，并限定改正不良读书习惯的时间为一个月。如果方南在一个月内没有改正，以后就再也看不到新书了。方南是非常喜欢读书的，几乎每个月都要逛书店购买新书看。不吃好吃的没关系，不看新书是绝对不可以的。通过给孩子制定了这种规范，方南逐渐将不良的读书习惯改正过来。

传统的家庭教育方式是父母制，父母在家里说的算，孩子都要听父母的。现在的家庭教育方式是民主制，制定家庭规范，要求每个家庭成员都要遵守，每个家庭成员都有表述自己意见的权利。需要明确的是，并不是所有家庭成员所承担的责任和行使的权利是等同的，依然以家长为主。方南和父母之间都存在的就是民主关系。一家人商讨制定规范，主要是纠正方南的错误。

采用这种制定家规的方式，对孩子不听话的行为可以起到有效的预防作用。每个家庭要和谐共处，良性发展，都要制定家规。“没有规矩，不成方圆”，在家庭规范下，每个家庭成员都按照规范做事，父母和孩子都会指导自己如何做是正确的。由于孩子的自我行为控制能力比较弱。对于不良学习习惯虽然已经更正了，但是很有可能再犯。为了让孩子养成良好的学习习惯，就要采用制定家庭规范的方法，对孩子的不当学习行为予以纠正，对孩子可以起到一定的约束作用。

指导方法：

制定家规要目的明确，让孩子充分理解。将家规的内容告诉孩子，并对孩子进行传统文化教育。如果家庭经济生活一般，仅能够勉强维持生活，就要让孩子认识到这种生活状态是暂时的，告诉孩子“知识可以改变命运”，让孩子对学习充满希望。对于家庭历史中有引以为自豪之处，可以让孩子对家庭背景有所了解，让孩子准确理解诚实劳动，并激发孩子的家庭自豪感，将良好的家庭传统延续下去。将家庭传统向中国的传统文化延伸，引导孩子要热爱父母，要自强、自立，热爱自己的家乡。采用这种家规教育，就会使孩子将这些规定融入意识，变成思维定式，就会自觉遵守，在学习中也会自觉行动，自我行为控制能力会得到增强。

父母在制定家规的同时，要以身作则，成为孩子效仿的典型，让孩子明白，家里的任何成员都要按照规矩做事，自由是存在于家规范围内的。每个家庭成员都要

认真履行自己的职责，孩子作为学生，需要做的就是读好书，并养成良好的读书习惯。但是，家长也要认识到，制定家庭规范并不意味着让孩子失去自由，要把握好教育的尺度。比如，孩子吃饭的时候，要让孩子的举止规范，家长就要首先做到，用自己的言行对孩子进行教育。特别是对于吃饭喜欢溜号的孩子，包括吃饭看书、看手机、看电视等不良行为，都要及时纠正，否则养成不良习惯之后就难以改变了。父母对孩子要以尊重的态度进行教育，要使用文明用语，让孩子从被动约束变为主观意识上的约束，正确理解家规。

细节二：家长要适度地引导孩子学习

王博和王欣是兄妹俩。在家里父母对哥哥的期望很高，对妹妹则基本上是“放养”。在父母的推动下，哥哥一天一天地长大了，不知不觉中，妹妹也长大了。妹妹每天都跟着哥哥，哥哥做什么，她就跟着做什么。父母觉得哥哥的智商水平更高一些，所以更为重视对哥哥的培养。哥哥上学后，就开始上各种课外辅导班，回来还要完成父母布置的作业。于是，哥哥每天见到父母的时候，都会问“今天我该做什么？”逐渐地，父母就发现，儿子被自己推动着学习，已经失去了自主能力了。女儿则不同，整天跟着哥哥，学习了好多的知识，阅读了大量的书籍，包括各种诗歌都可以背下来。女儿不会问父母“今天我该做什么？”，没有学习内容了，就自己玩去了，或者坐在一边画画，画的都是自己所感兴趣的东西，而且还把这些画贴在自己卧室的墙上。看到哥哥弹琴，就坐在旁边听，很陶醉的样子。

两个孩子就这样成长起来，但儿子的被动学习状态和女儿的主动学习状态区别非常明显了，而且哥哥的知识视野没有妹妹宽阔，对于知识的灵活运用能力也没有妹妹强，这让父母感到了挫败感。

两个孩子是在同一个家庭环境中成长起来的，但是由于家长的引导方式不同，使得两个孩子对学习也持有不同的态度。哥哥是被动学习状态，妹妹是主动学习状态，而且妹妹对知识具有良好的运用能力。两个孩子的这种自主性差异的存在就不得不令人反思。男孩的思维应该是非常活跃的，具有丰富的想象力，在学习上有主见，能够发表自己的见解。但是，这个男孩子的缺陷就是不知道什么是该做的，所有的学习任务都是家长帮助安排的，失去了自我，也就失去了学习的动力。妹妹则不同，妹妹是伴随着哥哥而成长起来的，所接受的是家长的间接教育，哥哥在无形中发挥了载体的作用。所以，妹妹在学习中都是主动争取，当然前提是她对自己所感兴趣的知识主动争取。

通过分析这个案例可以明确一个道理，即对孩子自主学习力的培养，不可以走在孩子的前面，这样就属于对孩子的学习过于干涉；而应跟在孩子后边予以支持，根据孩子的需求进行适当引导，才不会影响孩子主动学习能力的发挥。

指导方法：

孩子放学回家后，要写完作业后才可以玩。孩子写作业的时候，要给孩子独立的空间，让他不会受到干扰，不打扰孩子。孩子觉得自己此时完全独立了，得到了尊重，就会提高对学习的积极性，平时一个小时可以做完的作业，不足一个小时就可以做完了，而且作业质量会有所提高。在节假日的时候，要给孩子自由放松的时间，给孩子一天的时间或者半天的时间出去放松，不仅可以释放紧张的情绪，而且还能够增进亲子感情。孩子自己提高学习效率就会节省一些时间，这个时间让孩子自己支配。但是，并不意味着家长不再约束孩子的学习行为，而是要对孩子的日常学习做出规定，要求课内的学习任务一定要在课上完成，不可以将课堂上应该学习的内容带回家补课。如果孩子课堂学习内容没有完成，家长就要在学校等着

孩子，当他完成课上的学习任务之后才可以回家。家长要每天对孩子的课堂笔记和联系本进行检查。如果发现问题，就要与孩子交谈，查找原因，制定出改进策略并落实。对孩子的进步要给予必要的精神鼓励，配合使用物质奖励，鼓励孩子继续努力学习，让孩子对自己的学习充满自信心，对孩子的主动学习可以起到很好的促进作用。

好习惯在于不断强化

细节一：让孩子认识到自己有接受教育的权利

宋阳是初中二年级的借读生，很调皮。一天语文课刚下课，宋阳与同学就吵了起来，被老师叫到外面罚站。放学之后，教师将两名学生都领到教研室说："同学之间要和睦相处，吵架是不文明的行为。"

宋阳说："他说我家里都没有权势，没有钱，学习还不好，课上还打扰其他的同学，如果不愿意学习就退学吧，家长还省好多学费钱了！"

宋阳本来就是在这里借读的，被同学这样说，更自卑了，就不愿意在这里上学了。这件事情全校都知道了，宋阳感到很羞愧，家长觉得自己的孩子受到了侮辱，即便校长登门做家长的工作，也不愿意让孩子回来上学了。

宋阳的家长说："孩子淘气扰乱了课堂纪律是不对的，但是对于孩子的错误教师应该教育引导，采用相应的惩罚错误措施也是必要的。可是，孩子在班里受到了同学的侮辱，还怎么在班级里学习呀？"

教师一再对家长说："已经对那名学生进行了教育，他现在感觉很愧疚。"

教师还对家长强调："按照国家的法律，每一名学生都有接受教育的权利，即便是没有钱，孩子也要接受教育。同学之间的歧视行为，用语言中伤是不对的，可

是，孩子该上学也要上学呀。另外，孩子在班级淘气已经扰乱了课堂环境，家长在考虑到自尊的同时，也要让孩子知道在课堂上要遵守纪律。家长的言行举止都是对孩子潜移默化的教育。孩子的教育很重要，对吗？”

宋阳的家长想了想，觉得自己的做法确实不妥，就让孩子继续上学。宋阳到学校，那名与他吵架的同学和家长都诚心地赔礼道歉了。

案例中，宋阳扰乱班级纪律，同学与其吵架的时候用了激烈的言辞，让宋阳觉得受到了侮辱，回家后，家长知道了，不愿意让孩子来学校上学。每一名学生都有接受教育的权利，即便是孩子的家长也没有权利阻止孩子接受教育。教师面对宋阳家长的时候就强调了这一点。家长也认识到自己这样做是不对的。

孩子接受教育是为了能更好地成长，在人生道路上有更多的选择机会，家长要让孩子知道，读书不是为了与别人比较、给别人看，而是要在生存和发展中有更多的主动权，能够按照自己的方式生活，而不是被迫谋生。当学生在学校与同学之间冲突，家长就要起到协调的作用，让孩子知道自己是必须要接受教育的，有问题可以解决问题，不可以任何的借口逃避教育，那是对自己不负责任的态度。

指导方法：

家长要认识到学生接受教育的目的为了将来在社会上生存下去，这是底线。对于孩子的任性，家长就要对孩子予以正确引导，孩子在应该学习的时候就要好好学习，学校就是一个小型的社会，同学之间有矛盾是不可避免的。对于矛盾可以找老师解决，放弃学习是不对的。遇到小小的挫折就要放弃自己接受教育的权利，就是对自己的不负责任。

家长要将孩子遭遇的挫折作为教育资源充分利用起来，对孩子进行挫折教育。在与孩子谈话的时候可以举出一些名人的案例，中国从古到今有很多的名人在童年

时期由于家境贫寒而被侮辱，但是他们都有勇气面对，而且发愤图强，最后都走上了成功的道路。让孩子从消极的情绪中走出来，以积极的态度面对各种问题，将自己的精力都用于学习，让孩子的挫折变成学习的动力，激发孩子的自主学习力。

细节二：让孩子有效获取知识的方法

陶渊明是东晋时期的诗人，他隐居田园，过着惬意的生活。一天，一名少年登门拜访陶渊明，让陶渊明介绍学习方法，希望自己也能成为诗人中的佼佼者。

这位少年说："您的才华我已经仰慕已久，可否介绍一下您的学习方法，希望得到您的指点。"

陶渊明明确了少年来拜访的意图后，说："学习有方法，但是都是笨办法，哪有什么捷径呀！"

少年感到迷茫，问："您说说笨方法也可以，也许对我而言就是非常好的方法了。"

陶渊明没有讲话，而是将少年领到田边，让少年看看他种的庄稼，问："你看看这些庄稼是不是在长高？"

少年看了很长时间，没有看出庄稼长高了，就说："恕我直言，我没有看出来庄稼在长高。"

陶渊明说："你没有看到庄稼长高，但是它无时无刻地不在长呀。庄稼如果没有长高，它怎样从小苗长到现在的高度的呢？只是我们用眼睛不能够看见罢了。学习的道理也是一样的，知识是需要不断积累的，要掌握足够的知识，就需要经历积累的过程。学习需要慢慢来。"

之后，陶渊明把少年带到磨刀石的旁边，说："你看看，这块磨刀石是马鞍状的。"

少年说："这是每天磨刀的结果。"

陶渊明说："你说得对，每天都有人在上面磨刀，都是哪一天磨成的，你知道吗？"

少年说不出话来了。

陶渊明接着说："长期磨砺才能让磨刀石变成这个样子，这是日积月累的结果。"

少年哑口无言，陶渊明继续说："村里的人都会在这上面磨刀，磨刀石变成这个样子不是一天两天的功夫，只有长年累月的磨砺才会使它变成现在这个样子。学习也是需要日积月累的，所以要持之以恒。"

案例中，少年希望获得学习的好方法，上门请教陶渊明。陶渊明告诉他，学习是不断积累的过程，不仅要有心、要努力，还要持之以恒。细细品味陶渊明的话语，可以明确，学习是要长期坚持的，需要养成良好的学习习惯，每天都进步一点点，长期积累下来，就会有很大的进步。

陶渊明的故事告诉我们，学习是没有捷径可走的。学习的唯一方法就是努力。努力的过程中要积累经验，寻求知识的规律，根据自己的学习条件和所具备的资源制定学习方法，有计划地学习。随着学习习惯的养成，就可以获得良好的学习效果。在学习过程中，无论是制定学习方法，还是养成学习习惯，都需要自主完成，家长可以从孩子需求的角度出发适当地指导。

指导方法：

家长要让孩子自主学习，就要花费点心思，让孩子自觉努力的同时，自己也要自律，不要干扰孩子，为孩子塑造安静的学习环境。关于学习方面的问题，家长不要给孩子讲过多的道理，当孩子学习大约半个小时左右，就要提醒孩子休息，放松一下有助于提高学习效率。如果孩子的功课比较多，家长可以指导孩子合理安排时间写作业，不可以一气呵成，作业写完了，既没有质量，也起不到巩固知识的效果，就无法发挥作业的作用。

孩子的学习进步缓慢，家长不要“急于求成”。吸收知识的方法有很多，让孩子有效地获取知识，就要了解孩子的学习习惯。家长是孩子获取知识的第一所学校，所以，家长做榜样，要不断地学习知识，孩子就会学着家长的样子去学习。日积月累，孩子的学习习惯养成，知识积累到一定程度，成绩就会快速增长。此外，家长对于知识的理解力比较强，可以为孩子适当地指导。

家长要带着孩子多接触自然环境，为孩子讲解有关的知识，舒缓紧张的学习压力，目的是让孩子劳逸结合，肯定自己的能力。

树立孩子正确的竞争意识

细节一：让自己成为孩子的学习伙伴

我很喜欢给孩子买各种图书，休假了就领着孩子一块去书店。即便是逛超市的时候，看到卖图书的区域，我们也能在那里看一会儿书。孩子上小学一年级了，“十·一”休假我依然是带着孩子去书店了。突然间，我有一个想法，要看看孩子的阅读理解能力如何，就让孩子读一读他手中拿着的图书，那是一本童话故事。这篇文章有1000多字，孩子竟然都读下来了。有的字读错了，但错别字加上不认识的字还不到30个。这让我很吃惊。其中的一些生僻字孩子读了半边字的读音，有读音正确的，有读音错误的。看到女儿能将一整篇故事读下来了，我就饶有兴致地和女儿聊有关文章的话题。让她讲一讲故事的大概意思，虽然女儿能将整个的故事内容简单地表述出来，但是对于故事的含义并不是很理解。

通过这一次对女儿的测试，我觉得自己确实低估了女儿的学习能力。从中也可以认识到，给孩子塑造良好的学习环境是非常重要的。现在让孩子接触知识的途径有很多，但是孩子对语言的分辨能力不够，如果家长没有正确地指导，就会让孩子养成不良的语言习惯。所以，我会刻意带着女儿到书店看书，让孩子接触到正确的语言环境，即便是看电视，我对于电视节目的质量也会很关注，有些娱乐性很强的节目，语言表达不准确，或者说很多的怪话，我就不会让孩子接触。让孩子从小接触标准的语言，养成正确的语言表达习惯。

现在的孩子可以通过各种途径学习知识，家长就要发挥引导作用。家长与孩子共同读书对孩子的影响力非常大。每天陪伴孩子学习15分钟至30分钟内，家长就会发现孩子明显进步了。心理学家认为，孩子要更好地发展，自己的努力是必不可少的，家长的教育至关重要。妈妈可以教会孩子独立，爸爸对孩子人生观的塑造非常有帮助。所以，在孩子的学习中，有家长的陪伴，对孩子的影响是非常大的。

案例中的妈妈就是为孩子塑造了良好的阅读环境，指导孩子用正确的语言表达方式，与孩子交流，启发孩子自主思考，就会让知识转为能力，随着孩子的成长，知识就会成为获得成功的资本。

指导方法：

陪伴孩子读书的时候，要不时地鼓励孩子。鼓励未必要用语言表达，可以采用身体接触的方式，比如，抚摸孩子的头、握住孩子的小手，或者抱一抱孩子，孩子能够感受到父母的亲情，这是对孩子最大的鼓励。一些家庭认为孩子的教育是妈妈的事情，其实不然。妈妈对孩子的教育中有软弱的一面，对孩子可以无微不至地照顾，在管孩子方面就缺乏自信。特别是当孩子撒泼耍赖的时候，妈妈就更不知道如何解决。爸爸对孩子的教育是非常重要的。爸爸在言行举止上给孩子注入正能量，将阳光的一面展示在孩子的面前，孩子就会为爸爸而感到骄傲，也更愿意与爸爸一块学习。

家长作为孩子学习的伙伴，可以让学习变得更有趣味性，一起读书、给孩子讲故事、玩游戏、一起运动、听音乐、体验大自然等等，家长引导孩子吸收知识，让学习充满乐趣，孩子还会感到与家长一块学习是一件幸福的事情。

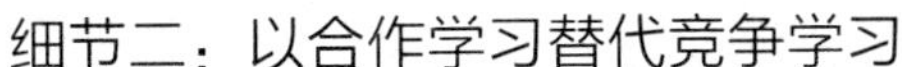

细节二：以合作学习替代竞争学习

有一个外国的老奶奶，到中国来旅游，看到几个中国的孩子在一起玩游戏，自己突发奇想，也要和这些孩子玩游戏。孩子们很喜欢这位老奶奶，她长得很慈祥，中文讲得不是很好，却可以听得懂。老奶奶说："咱们玩一个火灾现场逃跑游戏吧。"

这些孩子犹豫了，说："这可怎么玩呀？这是旅游区，哪也不像灾难现场呀。"

老奶奶说："我们用道具，需要准备一个小口的瓶子，你拿着的那个饮料瓶就可以了。"老奶奶指着一个孩子手里还拿着的刚刚喝完的饮料瓶。然后，只见老奶奶将拴着细线小球统统都放到瓶子里面了。瓶口很小，只能通过一个小球。

道具准备完毕之后，老奶奶说："假设这个瓶子就是火灾现场，每个小球就代表你们每个人。现在火灾发生了，你们都要从火灾现场逃出去。你们每个人拽着一根细绳。都准备好了吗？OK！游戏开始了！"

令老奶奶惊讶的一幕出现了，孩子们一个人拽着一根绳，按照次序一个接着一个地将小球通过瓶口拽出来了。

老奶奶说："我在很多国家都组织过这个游戏，但都没有成功，那些孩子都惊慌失措地要从瓶口逃出来，结果，所有的小球都堵在瓶口了，结果谁也没跑出来。"

很多孩子的学习中，具有很强的竞争意识，这无疑对促进孩子的学习非常有好处。但是，家长也要意识到，孩子在学习的过程中，要独立完成学习任务有的时候力不从心，这时就需要老师的帮助，需要家长的帮助，逐渐地，就对老师和家长都形成了依赖性。鼓励孩子自主学习，就要让孩子自己解决学习上的问题，孩子的合作精神就变得尤为重要的。就像瓶子中的小球一样，如果相互竞争，而只有一个可以通过一个小球的出口，就都堵在瓶口谁也出不来。也就是说，即便孩子之间竞争，但是问题没有解决。这个时候，就需要相互合作。

孩子所掌握的知识有限，每个孩子的生活环境不同，都有不同的生活经验，在学习中采用合作的方式，就可以相互之间取长补短，各自发挥优势，共同解决问题。所以，孩子之间的合作就是做到了资源交流，用别人的思想观点，参考别人的建议，采用这种资源共享的方式，就可以将孩子的灵感激发起来，通过发挥丰富的想象力，创造力就会有所提升。

指导方法：

家长帮助孩子合作学习，可以建议孩子与小伙伴建立学习小组，无论谁需要解决问题，小组成员都可以通过见面、电话或者网络沟通的方式相互商量解决。每个孩子都有发表自己看法的权利，即便是学习能力比较差的学生也要发表自己的观点，相互之间合作解决问题，就都能够学习到知识，弥补自身的不足。

给合作小组起个名称。虽然名称仅仅是个代号，也可以起到提示的作用。比如，小组的名字叫“挑战组”，就意味着每一次的合作都是迎接新的挑战，就需要小组的每一名成员都要有集体责任感，相互之间平等交流，对学习资料的内容进行讨论，可以培养孩子的合作习惯，交流能力也得到锻炼，还可以激发孩子的学习热情。